汽车发动机与维修技术

缑庆伟 著

云南出版集团公司
云南科技出版社
·昆明·

图书在版编目（CIP）数据

汽车发动机与维修技术 / 缑庆伟著. -- 昆明：云南科技出版社，2017.8 （2021.6重印）
ISBN 978-7-5587-0784-1

Ⅰ. ①汽… Ⅱ. ①缑… Ⅲ. ①汽车—发动机—车辆修理 Ⅳ. ①U472.43

中国版本图书馆CIP数据核字(2017)第204849号

汽车发动机与维修技术

缑庆伟　著

责任编辑：王建明　蒋朋美
责任校对：张舒园
责任印制：蒋丽芬
封面设计：张明亮

书　　号：978-7-5587-0784-1
印　　刷：长春市墨尊文化传媒有限公司
开　　本：880mm×1230mm　1 / 32
印　　张：6.75
字　　数：138千字
版　　次：2020年8月第1版　2021年6月第2次印刷
定　　价：50.00元

出版发行：云南出版集团公司云南科技出版社
地　　址：昆明市环城西路609号
网　　址：http://www.ynkjph.com/
电　　话：0871-64190889

版权所有　侵权必究

作者简介

缑庆伟，男，汉族，1976年10月生，辽宁省营口市人，毕业于大连理工大学。现为北京交通运输职业学院汽车工程系主任，北京市职教名师。近期主编有《新能源汽车原理与检修》，在《电源技术》《北京交通大学学报》等核心期刊发表多篇论文，承担了北京市交通委节能减排中心多项科研项目。目前主要从事汽车检测与维修，新能源汽车检测与维修，汽车电子等方向的研究与工作。

前　　言

为适应并推动职业技术教育的发展，落实教育部关于汽车运用与维修专业领域国家技能型紧缺人才培养培训工程的要求，满足汽车运用技术、汽车检测与维修等相关专业用高职高专教材的要求，特编写本书。

本书着重对汽车典型发动机的构造和工作原理作深入浅出的介绍，本着理论与实践相结合的原则，系统而详实地介绍了汽车典型发动机的结构和工作原理，并尽量简化理论的论述，多使用实际直观的示意图，从而使学生掌握更多实践知识。本书注意教学过程对参考书目编写的要求，内容比较丰富，特别注重增加新内容，形成新结构，分散难点和重点，更加符合认知规律，便于学生学习。同时书中内容的选取注重与市场紧密结合，着重选择市场占有率较高、技术含量较高的发动机进行结构介绍，具有较强的代表性和技术先进性。

内容包括：发动机与维修技术基础知识、曲柄连杆机构与维修、配气机构与维修、汽油机化油器式燃料供给系与维修、汽油机电控燃油喷射系统与维修、冷却系与维

修、润滑系与维修、柴油机燃料供给系与维修、发动机整体拆装与综合故障诊断。

  本教材的编写坚持以"实际、实用、实践"为原则，同时注重知识的应用价值及可操作性在教材中的科学体现，教材的主要读者群定位于在校的高等职业学校学生，从事汽车维护工作的技术人员可以将此书作为参考书。由于编者水平有限，书中难免存在缺点和错误，诚望读者及有关专家给予指正，以便再版时修正。

目　录
CONTENTS

第一章　发动机与维修技术基础知识……………………… 001
　第一节　发动机的分类与基本构造 ……………… 001
　第二节　发动机的基本工作原理 ………………… 005
　第三节　发动机维修基础知识 …………………… 009
　第四节　发动机维修常用工具 …………………… 017
　第五节　发动机维修常用量具 …………………… 020

第二章　曲柄连杆机构与维修……………………………… 023
　第一节　曲柄连杆机构的功用与组成 …………… 023
　第二节　气缸体的构造与维修 …………………… 024
　第三节　气缸盖、气缸垫的构造与维修 ………… 030
　第四节　活塞的构造与维修 ……………………… 032
　第五节　活塞环、活塞销的构造与维修 ………… 036
　第六节　连杆的构造与维修 ……………………… 038
　第七节　曲轴、飞轮的构造与维修 ……………… 041
　第八节　曲轴轴承的构造与维修 ………………… 046
　第九节　平衡轴系统的构造与维修 ……………… 047

目录

第三章　配气机构与维修 …………………… 050
第一节　配气机构的功用与组成 …………… 050
第二节　气门组零件的构造与维修 ………… 052
第三节　气门传动组零件的构造与维修 …… 058
第四节　可变配气相位控制机构的构造与维修 … 069
第五节　气门间隙的检查与调整 …………… 073

第四章　汽油机化油器式燃料供给系与维修 …… 077
第一节　汽油机化油器式燃料供给系的
　　　　功用及组成 ……………………… 077
第二节　混合气与简单化油器 ……………… 079
第三节　现代化油器的构造与维修 ………… 085
第四节　汽油供给装置的构造与维修 ……… 100
第五节　空气滤清器的构造与维护 ………… 109
第六节　进、排气装置的构造与维修 ……… 110
第七节　化油器式汽油机燃料供给系统的
　　　　常见故障诊断 …………………… 113

第五章　汽油机电控燃油喷射系统与维修 …… 119
第一节　汽油机电控燃油喷射系统概述 …… 119
第二节　发动机控制的组成与基本原理 …… 125
第三节　进气系统的构造与维修 …………… 131
第四节　燃油系统的构造与维修 …………… 133
第五节　控制系统的构造与维修 …………… 136
第六节　辅助控制系统的构造与维修 ……… 144

  第七节 电控燃油喷射发动机的故障诊断 ········ 147

第六章 冷却系与维修·················· 151
  第一节 冷却系的功用与组成 ············· 151
  第二节 冷却系主要零部件的构造与维修 ······ 154
  第三节 冷却系的维护与常见故障诊断 ········ 158

第七章 润滑系与维修·················· 161
  第一节 润滑系的功用与组成 ············· 161
  第二节 润滑系主要零部件的构造与维修 ······ 163
  第三节 润滑系的维护与常见故障诊断 ········ 167

第八章 柴油机燃料供给系与维修············ 170
  第一节 柴油机燃料供给系的特点、功用与组成 ··· 170
  第二节 柴油机混合气形成装置 ············ 173
  第三节 活塞式输油泵和柴油滤清器的
      构造与维修 ················ 175
  第四节 柱塞式喷油泵的构造与维修 ········· 177
  第五节 调速器的构造与维修 ············· 180
  第六节 柴油机喷油器的构造与维修 ········· 182
  第七节 转子泵燃油供给装置的构造与维修 ····· 184
  第八节 PT燃油供给系统的构造与维修 ······· 187
  第九节 废气涡轮增压器的构造与维修 ······· 190
  第十节 柴油机燃油供给系的常见故障诊断 ····· 192

第九章　发动机整体拆装与综合故障诊断……194
第一节　发动机总成的拆卸与解体 ……194
第二节　发动机总成的装配与调试 ……196
第三节　发动机综合故障诊断 ……198

结束语……201

参考文献……202

第一章

发动机与维修技术基础知识

第一节　发动机的分类与基本构造

一、发动机的分类

汽车上装用的发动机为内燃机，通过液体或气体燃料与空气混合，在发动机气缸内部燃烧产生热能，再将热能转变为驱动汽车行驶的机械能。汽车发动机的种类繁多，通常都按其特征来进行分类。主要分类方法如下：

（一）按活塞运动方式分类

根据活塞的运动方式不同，发动机可分为往复活塞式发动机和旋转活塞式（转子式）发动机两种。目前，汽车上装用的一般都是往复活塞式发动机。

（二）按每循环活塞行程数分类

以往复活塞式发动机为例，根据完成一个工作循环活塞运行的行程数不同，发动机可分为四冲程发动机和二冲程发动机两种。目前，汽车上装用的一般都是四冲程发动机。

（三）按使用燃料分类

根据发动机所用燃料不同，发动机可分为汽油发动机、柴油发动机和多种燃料发动机等。其中汽油机按其燃料供给

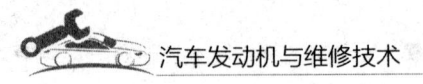

方式又可分为化油器式和电控燃油喷射式两种。

（四）按混合气着火方式分类

不同的燃料具有不同的性能，发动机根据其所用燃料的性能采用不同的点火方式。按混合气的着火方式，发动机可分为点燃式发动机和压燃式发动机。汽车上装用的汽油发动机为点燃式，柴油发动机则为压燃式。

（五）按发动机冷却方式分类

根据冷却方式不同，发动机可分为水冷式发动机和风冷式发动机两种。汽车上装用的多数为水冷式。

（六）按发动机气缸数分类

根据气缸数量不同，发动机可分为单缸发动机和多缸发动机。汽车上装的一般都是多缸发动机。

（七）按气缸布置形式分类

根据发动机气缸的布置形式不同，发动机可分为直列式发动机、卧式发动机和V形发动机三种。

二、发动机的基本构造

现在汽车上常用的是四冲程、水冷式、往复活塞式、多缸发动机，它主要由曲柄连杆机构、配气机构、燃料供给系、冷却系、润滑系和电器系统组成。

（一）曲柄连杆机构

该机构是往复活塞式发动机实现热功转换的主要装置。

气缸的顶部用气缸盖封闭性，一般在气缸盖与气缸体之间装有气缸垫，以增强密封。活塞装在气缸内，通过活塞销和连杆与曲轴相连。活塞环安装在活塞上，密封活塞与气缸之间的间隙，防止漏气。

第一章　发动机与维修技术基础知识

发动机工作时，进入气缸内的混合气（空气与燃料的混合物）被压入燃烧室，当混合气被点燃或自燃后，放出大量热量，使气缸内的气体压力迅速提高，从而推动位于上方位置的活塞向下运动，并通过活塞销和连杆将动力传给曲轴，使曲轴产生旋转运动，最终曲轴输出动力驱动汽车行驶。

在曲轴后端飞轮的惯性带动下，曲轴得以连续不停地旋转，从而助力发动机完成进气–压缩–排气的过程。

（二）配气机构

配气机构基本组成包括气门和气门驱动装置。每个气缸在气缸盖上均设有一个进气道和一个排气道，每个气道内都装有一个气门。进气道的气门开启时，新鲜气体进入气缸；排气道的气门开启时，气缸内燃烧的废气排出。气门的开启或关闭受凸轮轴控制。

（三）燃料供给系

燃料供给系是为发动机提供燃料和空气、并排出气缸内燃烧废气的系统。燃料供给系的基本组成包括燃料供给装置、进气装置和排气装置。

不同的发动机，其燃料供给装置有较大的差异。汽油发动机工作时，燃料供给装置将储存在汽油箱内的汽油送入滤清器滤除杂质后，经汽油泵泵送到化油器或汽油喷射装置中，然后再将汽油喷入进气管与空气混合，最终在气缸外部生成混合气，汽油喷射装置大都采用电脑（ECU）控制。在柴油发动机的气缸顶部装有喷油器，发动机工作时，输油泵将油箱内的柴油经滤清后首先泵送到高压油泵进行加压，然后再经喷油器将柴油直接喷入气缸，柴油在气缸内部与空气

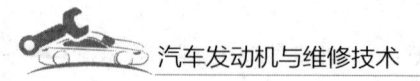

混合。

进气装置为发动机提供清洁的空气。发动机工作时，空气首先经空气滤清器滤清，再经过进气通道进入气缸。汽油发动机工作时，为控制进入气缸的空气量，在进气通道中装有节气门，汽车驾驶员可通过驾驶室内的加速踏板控制节气门的开度。

排气装置主要是将发动机气缸内产生的燃烧废气排入大气。排气通道内装有排气消音器，以降低排气噪声。

（四）润滑系

润滑系的作用主要是为摩擦表面提供润滑，以减少摩擦损失、减轻零件磨损，并对摩擦表面进行冷却和清洁。

润滑系的基本组成是油底壳、机油泵、机油滤清器、润滑油道。发动机工作时，机油泵不断地将润滑油经润滑油道泵送到需润滑的部位，循环使用的润滑油最后再回到储存润滑油的油底壳。机油滤清器可使润滑油保持清洁，以保证润滑油能反复使用。

（五）冷却系

冷却系的作用是帮助发动机散热，以保持发动机正常工作温度。汽车发动机一般采用水冷却系，其基本组成包括水套、水泵、散热片和风扇等。水套是设在气缸和气缸盖中的水流通道，水泵使冷却水在水套与散热器之间循环，在水套内吸收了热量的冷却水流经散热器时，通过风扇吹风使其冷却降温。

（六）电器系统

汽油发动机的电器系统一般包括点火系和起动系，柴

第一章 发动机与维修技术基础知识

油发动机无点火系。点火系是汽油机用以点燃气缸内混合气的系统。汽油机的每个气缸顶部都装有一个火花塞。发动机工作时,点火系将蓄电池或发电机提供的低压电转变成高压电,并利用火花塞按特定顺序点燃各缸的混合气。起动系是使发动机从非工作状态进入正常工作状态的系统,其基本组成包括电源和电动机(一般称起动机)。

第二节 发动机的基本工作原理

一、基本术语

发动机是将热能转换为机械能的机器。发动机每完成一次将热能转换成机械能的工作过程称为一个工作循环。我们把在一个工作循环内,曲轴转两圈、活塞在气缸内往复运行四个行程的发动机称为四冲程发动机。而把在一个工作循环内,曲轴转一圈、活塞在气缸内往复运行两个行程的发动机称为二冲程发动机。在此仅介绍四冲程发动机的基本工作原理。

活塞离曲轴旋转中心最远的位置通常为活塞的最高位置,称为上止点。活塞离曲轴旋转中心最近的位置,通常为活塞的最低位置,称为下止点。上、下止点之间的距离S称为活塞行程,连杆下端与曲轴的连接中心至曲轴旋转中心的距离R称为曲柄半径,由上可知,S=2R,曲轴每转一圈,活塞移动两个行程。

二、单缸四冲程汽油机基本工作原理

四冲程往复活塞式汽油发动机由德国的尼古拉斯·奥拓

发明，属于电火花点燃式发动机，在现代汽车上应用最多。四冲程汽油机每一个工作循环都有4个活塞行程，按作用划分，分别为进气行程、压缩行程、作功行程和排气行程。

（一）进气行程

在进气行程中，活塞由曲轴带动从上止点向下止点运行，此时排气门关闭，进气门开启。活塞从上止点向下止点运行过程中，气缸内容积逐渐增大，形成一定的真空度，混合气通过进气门被吸入气缸。当活塞到达下止点时，整个气缸内充满了新鲜混合气。

（二）压缩行程

进气行程结束后，活塞在曲轴的带动下从下止点向上止点运行，此时排气门仍处于关闭状态，而进气门也开始逐渐关闭。随着活塞的上行，气缸内容积减小，由于进、排气门均处于关闭状态，进入气缸内的混合气被压缩，其温度和压力升高，直到活塞到达上止点时压缩行程结束。

（三）作功行程

当活塞运行接近压缩行程上止点时，火花塞跳火点燃气缸内的混合气，此时进、排气门均处于关闭状态，气缸内气体的温度和压力同时升高，从而推动活塞从上止点向下止点运行，并通过连杆推动曲轴旋转输出机械功。

（四）排气行程

作功行程结束时，气缸内的气体将活塞推至下止点，气缸内的气体也因燃烧变为废气，此时排气门打开，进气门仍处于关闭状态，活塞在曲轴的带动下从下止点向上止点运行，气缸内的燃烧废气经排气门排出，直到活塞到达上止点。

排气行程结束后,又进入下一工作循环的进气行程。如此循环,发动机便可连续不断地工作,从而输出动力。

三、单缸四冲程柴油机基本工作原理

四冲程柴油发动机是一种压缩点火式发动机,由德国的鲁道夫·狄塞尔发明。此类发动机在汽车上的应用也比较广泛。四冲程柴油机与四冲程汽油机一样,每个工作循环也是由进气、压缩、作功和排气4个行程组成。但由于柴油与汽油的性质不同,所以柴油机混合气的形成方式及点火方式等与汽油机有很大的区别,下面主要叙述柴油机与汽油机各行程的不同之处。

(一)进气行程

不同于汽油机的是在此行程进入气缸的是纯空气,而非混合气。

(二)压缩行程

不同于汽油机的是在此行程压缩的是纯空气,且由于柴油机压缩比大,压缩终了时气缸内的压力和温度均比汽油机高。

(三)作功行程

此行程与汽油机差别较大,在柴油机压缩行程接近终了时,喷油泵将高压柴油经喷油器以雾状喷入气缸内的高温空气中,柴油在气缸内便迅速蒸发并与空气混合形成混合气,由于此时气缸内的温度远高于柴油的自燃温度(约500K),所以形成的混合气会立即自行着火燃烧,在此后的一段时间内边喷油边燃烧,气缸内的压力和温度随之急剧升高,活塞

被推动下行作功。

（四）排气行程

此行程与汽油机区别不大。

四、多缸四冲程发动机基本工作原理

早期的汽车，普遍装用单缸四冲程发动机。由四冲程发动机的工作原理可知：四冲程发动机每一工作循环的4个行程中，只有1个行程是作功的，其余3个行程均是作功的准备行程。因此，在单缸四冲程发动机上，每一工作循环内曲轴转过的两圈中，只有半圈是靠气缸内气体对活塞作功使曲轴旋转，而其余一圈半是依靠飞轮惯性在维持曲轴旋转。显然，作功行程时曲轴转速比其它3个行程时快，所以曲轴的转速是不均匀的。要使发动机运转平稳，就必须装用具有较大转动惯量的飞轮，这样又会增大发动机的质量和尺寸，因此发展到现在，汽车上基本不再装用单缸发动机。

汽车上使用最多的是多缸四冲程发动机。多缸四冲程发动机的每一个气缸内，所有的工作过程均与单缸发动机相同，且曲轴每转两圈每个气缸都完成一个工作循环，但各个气缸的作功行程并非同时进行，而是按一定的顺序和一定的间隔角（曲轴转角）进行。气缸数越多，发动机曲轴运转越平稳。但随着气缸数的增多，发动机的结构尺寸及质量也会随之增加，发动机的结构也更复杂。

第三节　发动机维修基础知识

发动机的维修包括发动机的维护和发动机的修理。汽车发动机是一种价值较高的机械产品，在汽车的长期使用过程中，不可避免地会发生故障和损坏。发动机维护的基本任务就是采取相应的技术措施预防故障的发生，避免零部件的损坏；发动机修理的基本任务则是排除已发生的故障，修复或更换已损坏的零部件，恢复发动机的工作能力，保持良好的状况。

发动机是汽车的一个组成部分，发动机维修与整车维修在基本要求、基本方法等方面是一致的。

一、汽车维护基础知识

（一）汽车维护的类型

汽车的维护根据其性质可分为预防维护和非预防维护。

预防维护是指维护作业的内容和时间，按预先规定的计划执行，其目的是为了预防故障发生和维持汽车的工作性能。预防维护又可分为例行维护和计划维护。例行维护的内容和时间与汽车行驶里程无关，如日常维护、停驶维护和换季维护等。计划维护的内容和时间与汽车行驶里程有关，如一级维护、二级维护等。在计划维护中，维护作业按计划强制执行的称为定期维护，维护作业按定期检查的结果按需执行的称为按需维护。

非预防维护通常是指在汽车发生故障后进行的维护。在

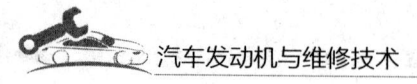

汽车使用过程中，突发性故障具有很大的随机性，很难在故障发生前进行预测，所以无法预先安排维护计划。

（二）汽车维护方式

汽车维护方式是维护类型、维护时机和维护内容的综合体现，一般可分为定期、按需和事后3种维护方式。

定期维护是计划维护的一种，指每隔一定的时间或行驶里程对汽车进行一次按规定作业内容执行的维护。维护的时间和内容各汽车生产厂家均有明确的规定，一般在维修手册中可查到。按需维护也是计划维护的一种，指使用诊断或检测设备定期对汽车进行诊断或检查，根据检查结果分析判断汽车在下一个检查周期之前能否保持无故障行驶，如果可以，则到下一周期再行维护，否则需立即组织开展维护工作。

事后维护是非预防维护，是指故障发生后进行的维护。采用事后维护可充分发挥零部件的寿命潜力，但只能对不影响行车安全、故障发生后造成的损失低于预防维护费用的零部件采用事后维护方式。

（三）汽车维护作业的分类

1. 清洁作业。包括：清除汽车和挂车外表的泥污，打扫、清洗和擦拭载货汽车车厢及驾驶室、客车车身的内外表面及各类附件。

2. 检查与紧固作业。包括：检查汽车各总成和机件的外表；检查各螺纹连接件的松紧度，必要时进行紧固；检查螺栓、螺母、螺钉、锁止销和油嘴是否损坏或丢失，并视情况进行更换。

第一章　发动机与维修技术基础知识

3．检查与调整作业。包括：检查汽车各机构、仪表和总成的技术状况，必要时按技术要求和使用条件进行调整。

4．电器作业。包括：清洁、检查和调整电器设备和仪表，润滑其运动机构，配换个别已损坏或不适用的零件及导线；检查和维护蓄电池。

5．润滑作业。包括：清洗发动机润滑系和机油滤清器，更换和加注润滑油，更换机油滤芯；对传动、操纵机构和行驶系各润滑点加注润滑油或润滑脂；更换或加注制动液。

6．轮胎作业。包括：检查轮胎气压和充气；检查外胎状况和清除胎面嵌入物；进行轮胎换位及更换内、外胎。

7．加注作业。包括：检查油箱状况和存油量，按需加注燃料；检查水箱状况，加注冷却液。维护作业的分类并非一成不变，实际中可根据企业的规模、维护设备、人员、场地的具体情况进行适当调整。

二、汽车修理基础知识

（一）汽车零件的清洗

在汽车修理过程中，经常需要清洁零件表面的泥土、油污、积炭、水垢和锈蚀物等。由于各种污物的性质不同，其清除方法也不一样。一些重要机件的清洗方法，将在后面章节中进行详细介绍。

1．油污清洗。零件表面的油污沉积较厚时，应先刮除，然后在在热的清洗液中清洗零件表面油污，常用的清洗液有碱性清洗液和合成洗涤剂。使用碱性清洗液进行热清洗时，将清洗液加热至70～90℃，将零件浸入10～15分钟，然

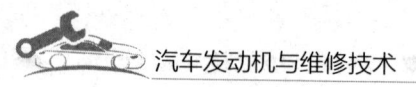

后取出并用清水冲洗干净，最后用压缩空气吹干。

注意：使用汽油清洗存在安全隐患；铝合金零件不能在强碱性清洗液中清洗；非金属类橡胶零件应使用酒精或制动液清洗。

2．积炭清除。清除积炭可使用简单的机械清除法，即用金属刷子或刮刀来清除（此方法不易将积炭清除干净，而且易损伤零件表面）。也可采用化学方法清除积炭，即先使用加热至80~90℃的退炭剂（化学溶液）进行清洗，使零件上的积炭膨胀软化，然后再用毛刷或旧布清除。

3．水垢的清除。水垢一般采用化学清除法，常用于清除水垢的化学溶液有：苛性钠溶液或盐酸溶液、氟化钠盐酸除垢剂和磷酸除垢剂，磷酸除垢剂适合用于清除铝合金零件上的水垢。

（二）汽车零件的修复方法

汽车零件的修复方法有很多种，这些修复方法自具有不同的特点和适用范围，它是根据修复零件的缺陷特性进行分类的。但随着汽车制造技术的进步和汽车配件价格下降，汽车零件修复正逐渐被零部件更换所取代。

目前，常用的零件修复方法主要有：机械加工修复法、压力加工修复法、焊接修复法和粘接修复法。具体零件的修复将在以后的相关章节中详细介绍。

1．机械加工修复法。通过机械加工的方法使已磨损的零件恢复正确的几何尺寸和配合特性，它是汽车零件修复中最基本、最重要、最常用的方法。其工艺方法主要包括分级修理法和镶套修理法。

分级修理法是指对配合副出现磨损的零件按规定修理尺寸进行加大或减小的操作，再选配具有相应尺寸的另一零件与之配合，最终恢复配合副配合性质的一种修理方法，发动机气缸、曲轴等均可采用此种修理方法。

镶套修理法是指对零件磨损部位进行机加工整形后，再采用过盈配合的方法镶入一个金属套，最终恢复零件基本尺寸的一种修理方法，发动机气缸、气门座、气门导管等均可采用此种修理方法。

2．压力加工修复法。压力加工修复是指通过对零件施加外力，利用零件材料的塑性变形恢复零件损伤部位的尺寸和形状，其工艺方法主要包括胀大、缩小、镦粗、校直等，曲轴和连杆变形等即可采用压力加工方法修复。

3．焊接修复法。是指利用电弧或气体火焰产生的热量，将零件基体金属和焊条（或焊丝）金属熔化并熔合，以修补零件的磨损部位或连接断裂的零件。常用的焊接方法有手工电弧焊和气焊。铸铁气缸体的裂损可采用焊接方法进行修复。

4．粘接修复法。是指使用粘接剂贴补或连接损坏零件的修复方法。此方法工艺简单、修复成本低，但不会引起件变形和金属组织变化，在汽车零件修复中应用广泛。轮胎破漏、气缸体和气缸盖裂损等均可用粘接方法进行修复。

零件的修复方法直接影响修复成本和质量。在实际工作中，应根据零件的结构、材料、损坏情况和企业设备条件，对修复质量、成本和工作量进行统筹分析再确定适用的零件修复方法。

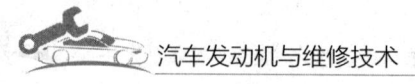

三、汽车故障诊断基础知识

（一）汽车故障的定义

汽车故障是指汽车部分或完全丧失工作能力的现象。

按工作能力丧失的程度，汽车故障可分为局部故障和完全故障。局部故障是指汽车部分丧失工作能力，即仅导致汽车性能降低但仍能行驶的故障，如发动机冒黑烟、加速不良等故障。完全故障是指汽车完全丧失工作能力，导致汽车不能行驶的故障，如发动机不能起动、转向失灵或制动失灵等故障。

（二）汽车故障的产生原因

不同部位、不同性质的故障，其产生原因千差万别，但归纳起来主要有：配合零件产生磨损，零件被有害物腐蚀，零件在外力或内应力作用下变形，零件因意外事故造成损伤或损坏，零件疲劳损坏，非金属零件或电器元件老化，紧固件松动、使用或调整不当等。导致汽车发生故障的可能是一个零件或多个零件损坏导致，可能是一种原因或多种原因造成。

（三）汽车故障的诊断方法

汽车故障的诊断方法有两种：经验诊断法和现代诊断法，这两种方法往往是综合使用。

1. 经验诊断法。是通过原地或道路试验，靠维修人员的观察和感觉或采用简单工具来确定汽车故障的方法。此方法要求诊断人员有较高的技术水平和丰富的维修经验，但面对对症状不明显的故障，则很难做出准确的诊断。

使用此种方法诊断故障时，应搞清故障症状、特征及伴随现象，然后对可能的故障原因按着"由简到繁、由表及

第一章　发动机与维修技术基础知识

里、逐步深入"的原则，进行推理分析，最后做出判断。经验诊断法可概括为问、看、听、嗅、摸、试。

问，就是询问情况。除驾驶员对自己驾驶的车辆进行故障诊断外，任何人在诊断故障前，都必须问明情况，如：车辆行驶里程、近期维修情况、发生故障前后有无异常现象等。即便是经验丰富的诊断人员，也需要问清情况，便于快速准确地诊断故障。

看，就是观察现象。主要是观察有无异常现象，如：发动机的排气颜色是否正常、工作时零部件运动，正常等，根据现象分析判断故障。

听，就是靠听觉判断声响。主要是判断有无异响，并根据异响发出的部位和声响特点分析判断故障原因。

嗅，就是靠嗅觉判断故障。主要是分辨有无异常气味，如：电器线路导线或离合器片烧焦时发出的气味等。

摸，就是用手去触试。主要是触试可能发生故障部位的温度或振动情况，如：车轮轴承温度、供油管路中的供油脉动等。

试，就是试验。主要是诊断人员通过试验验故障原因证或排查故障，如：通过更换零件证实故障部位、用断火法确定与异响有关的缸位等。

应当注意：并非每一种故障都必须经过上述程序进行诊断，对不同的故障应视具体情况灵活运用。

2. 现代诊断法。是在总成未解体的情况下，用测试仪表和检测设备诊断汽车故障的方法。

利用现代诊断法诊断汽车故障，需要多种设备，投资较大。具有诊断速度快、准确性高优点,对诊断潜隐故障,具有明显的优势。在本书中,对利用现代诊断法诊断汽车故障及现代诊断与检测设备不作详细讨论,相关内容可参阅其它教材或参考书。

四、汽车维修作业的组织

汽车维修作业通常有固定工位作业和流水作业两种组织形式。

(一)固定工位作业形式

此形式是指在一个固定工位上进行汽车的全部维护(一般不包括清洁作业)或修理工作,由一组维修人员在规定时间内完成。作业组可以由技术较高的全能工人组成,全能工人按分工完成汽车固定部位的维修工作;作业组也可由专业工人组成,专业工人在汽车不同部位完成其专业范围内的维修工作。

此种组织形式难以使用专业设备,工作效率低,一般只适用于车型复杂、规模比较小的维修企业。

(二)流水作业形式

流水作业形式是指把需要完成的各项维护或修理工作,按其工艺特点分别在几个连续的工作位置来完成,各工位按一定顺序排列,组成汽车维护或修理的作业流水线。

采用此种组织形式,各工位上的工人完成的工作范围较小且可固定,有利于提高其技术水平和熟练程度,同时还可在各工位上根据需要配备专业设备,工作效率高,但设备投资和占地面积较大,适用于车型比较固定、规模比较大的维修企业。

第一章 发动机与维修技术基础知识

第四节 发动机维修常用工具

在汽车维修企业中，大件设备或价格昂贵的工具一般由企业购置，供所有人员使用。本节主要介绍发动机维修中常用的、一般属维修工个人拥有的手工具和专用工具。对发动机维修中使用不多的工具或设备在以后的相关章节中介绍。

一、手工具

（一）扳手

扳手主要用于拆装螺栓或螺母，大多数螺栓、螺母均为标准件，所以扳手规格几乎全是标准的英制或米制。

每一类型的扳手都有不同的规格，一般都成套购置，在使用中应按一定的顺序摆放，以便工作时能准确地找到所需的规格。除活动扳手外，其它扳手规格均按标准螺纹件规格划分，活动扳手规格按尺寸大小划分。

（二）旋具

旋具主要用于旋松或旋紧有槽螺钉。旋具有很多类型，其区别主要是尖部形状，每一种类型的旋具都有长度不同的规格。最常用的旋具是标准扁尖旋具和十字尖旋具。在汽车维修中，选用的旋具应与螺钉头槽口的形状、厚度和宽度相适应，以防损坏螺钉头。旋具的尖部磨损后，可在砂轮机上进行修磨，但注意在修磨过程中应经常放入水中进行淬火，以保持其硬度。

（三）套筒工具

套筒工具一般是由不同规格套筒、加长杆和各种手柄等组成的成套工具。套筒的规格按标准螺纹件规格划分。因为使用套筒工具拆装螺纹连接件具有快速、高效的优点，且对拆装位置隐蔽、空间狭小处的螺纹连接件更具优越性，所以在汽车维修中它是使用频率最高的工具。

（四）钳子

钳子不能用来拧紧或旋松螺纹连接件，否则易导致螺纹连接件头部导圆。钳子有许多的类型和规格，钳子规格按长度划分。钳子最常用来弯曲或安装小零件（如开口销）、剪断导线或螺栓等。汽车维修中，应根据作业的性质选用合适的钳子类型。选用的钳子规格不能过小，否则易造成钳口损坏。

（五）锤子

每种类型的锤子都有重量不同的规格。使用时应注意：锤子安装要牢靠，手握锤柄末端，锤的正面对准被击打的物体。

（六）錾子

錾子与锤子配合使用，用来切削金属。錾子应经常修磨和淬火，保持其切削刃锋利。

（七）冲子

冲子与锤子配合使用，用起始冲和销状冲可将销钉、铆钉或键从孔或槽中冲出，用定心冲可在钻孔前在金属表面冲出凹坑。冲子经反复使用，其头部形成"蘑菇"头时，应进行修磨，并经常淬火。

二、专用工具

（一）卡环拆装钳

卡环拆装钳用于拆装轴承等零件轴向定位用的弹簧卡

第一章　发动机与维修技术基础知识

环。拆装不同的卡环应使用不同的卡环拆装钳。

（二）扭力扳手

扭力扳手用于按规定力矩拧紧螺栓或螺母。常用的扭力扳手是刻度盘式。使用时刻度盘上的指针可直接显示出施加的拧紧力矩。

（三）火花塞套

套筒为内六角、筒式结构，筒身上加工有手柄穿入孔，用于拆装火花塞。套筒内六角对边尺寸为22～26mm，适用于14.18mm的火花塞螺套；内六角对边尺寸为17mm，适用于10mm的火花塞螺套。

（四）活塞环卡钳

活塞环卡钳用于拆装活塞环。使用时，活塞环开口正对卡钳内侧，将卡钳上环卡卡在活塞环的开口上，轻握手把即可使活塞环张开，便于从活塞环槽中拆出或装入活塞环。

（五）拉器

拉器用来拆卸过盈配合安装在轴上的齿轮或轴承等。常用的拉器为手动式，在一杆式弓形叉上装有压力螺杆和拉爪。使用时，用拉器的拉爪拉住齿轮或轴承等零件，在轴端与压力螺杆顶尖之间垫一垫板（防止损坏轴端），然后拧紧压力螺杆，即可从轴上拉下齿轮等过盈配合的零件。

（六）丝锥

丝锥和丝锥扳手两者配合使用可攻制螺纹或修整乱扣的螺纹。丝锥有不同的直径，同时也有粗牙和细牙之分，使用时应根据需要选用。

（七）气门拆装钳

在拆装气门时用叉口抵住气门弹簧座，将螺杆顶在气门头部，转动手柄即可压缩气门弹簧。

三、工具使用注意事项

在日常工作中，使用工具及设备应注意以下几点：

（一）在维修厂，除师傅与徒工之间外，一般都反对借用工具。

（二）整齐清洁的作业习惯反映了一种工作态度，应注意保持工具及设备清洁，并摆放整齐。

（三）在保证安全的情况下使用工具及设备。

（四）损坏的工具及设备应及时检修或更换，不要使用损坏的工具及设备。

第五节　发动机维修常用量具

量具是对零件尺寸或配合间隙进行检验的测量工具，可分为普通量具和精密量具。

一、普通量具

（一）直尺

直尺一般用来测量直线尺寸或进行划线，也可与塞尺配合用来测量平面（如气缸体平面等）的平面度。精度为0.50mm。

（二）塞尺

塞尺又称厚薄规，由多种不同厚度的钢片组成，每片上刻有表示厚度的数字。塞尺常用来测量间隙的大小，如气门

第一章 发动机与维修技术基础知识

间隙、曲轴轴向间隙等。

（三）塑料间隙规

塑料间隙规是一种受挤压后能发生塑性变形的圆形塑料条，可用来测量曲轴主轴承间隙、连杆轴承间隙等。具体使用方法在以后相关章节中介绍。

二、精密量具

（一）游标卡尺

游标卡尺主要用来测量零件的内径、外径和孔的深度。常用游标卡尺的精度为0.10mm，即尺身上每一刻度为1mm，游标上每一刻度为0.10mm。读数时，先查看游标上"0"刻度线对应的尺身刻度线读数，再找出游标上与尺身某一刻度线对正的刻度线读数，即可计算出测量尺寸。

（二）千分尺

千分尺是一种更精密的测量工具，其测量精度可达0.01mm。按用途不同，千分尺可分为内径千分尺和外径千分尺，千分尺按其测量范围有不同规格。千分尺固定套管上有两组刻度线，中线以上的为"毫米"刻度线，中线以下的为"半毫米"刻度线；活动套管上有50个刻度线，每一刻度为0.01mm。读数时，将固定套管上的毫米和半毫米读数与活动套管上的0.01mm相加，即为测量尺寸。

（三）百分表

百分表是一种极为灵敏的测量工具，主要用来测量零件尺寸偏差（如曲轴弯曲变形、轴颈或孔的圆度等）或配合间隙（如曲轴轴向间隙等）。百分表的刻度盘有100格，大指针转动一格为0.01mm，转动一圈为1mm，小指针可指示转过的圈数。测量时，应使测杆与零件表面保持垂直，以保证测量精度。测量时为将百分表固定，有些百分表带有磁性底座，多数则通过连接杆件安装在支架上。

（四）量缸表

量缸表又称内径百分表，主要用来测量孔的内径，如气缸和轴承孔内径等。量缸表主要由百分表、表杆和一套长短不同的接杆等组成。测量孔的内径时，先将被测量的标称尺寸用外径千分尺对好，并将百分表调零。测量中若表针逆时针转动离开"0"位，则说明孔径大于标称尺寸；若表针顺时针转动离开"0"位，则说明孔径小于标称尺寸。

第二章 曲柄连杆机构与维修

第一节 曲柄连杆机构的功用与组成

曲柄连杆机构是发动机实现热功转换的主要机构。其主要功用是将气缸内气体作用在活塞上的力转变为曲轴的旋转力矩，从而输出动力。

曲柄连杆机构主要包括机体组、活塞连杆组和曲轴飞轮组3部分。在有些发动机上，为平衡曲柄连杆机构的振动，还装有平衡轴装置。

一、机体组
主要由气缸体、气缸盖、气缸垫等组成。

二、活塞连杆组
主要由活塞、活塞环、活塞销、连杆及连杆轴承等组成。

三、曲轴飞轮组
主要由曲轴、曲轴主轴承和飞轮等组成。

第二节　气缸体的构造与维修

一、气缸体的构造

气缸体是发动机的装配基体，其结构复杂，一般采用铸铁或铝合金材料铸造而成。气缸为圆柱形空腔，活塞在其内部作往复直线运动，多个气缸组合成一体即为气缸体。

根据气缸的排列形式，气缸体有直列式、卧式和V形3种结构形式。

气缸体下部包围着曲轴的部分称上曲轴箱。为安装曲轴，在上曲轴箱内加工有若干个同心的主轴承座。曲轴箱的主要功用是保护和安装曲轴，也可用于安装发动机附件。曲轴箱有3种结构形式。曲轴箱底平面与曲轴中心线平齐的为平分式，此结构形式便于加工，多用于中小型发动机。曲轴箱下平面位于曲轴中心线以下的为龙门式，此结构形式强度和刚度均比平分式大，但工艺性较差，多用于大中型发动机。隧道式的主轴承座孔为整体式，其强度和刚度最高，但工艺性差，只用于少数机械负荷较大、采用组合式曲轴的发动机。为了保证发动机的正常工作温度，在水冷式发动机的气缸体和气缸盖内设有水流通道，称之为水套。

在气缸体的侧壁上加工有主油道，在主油道与需润滑的部位（如主轴承等）之间有分油道连通。发动机工作时，润滑油经主油道和分油道输送到各摩擦表面。在凸轮轴下置或中置的发动机气缸体上，还加工有安装凸轮轴的

轴承座孔。气缸体的上、下平面分别用于安装气缸盖和油底壳。在气缸维修加工时，一般也以其上平面或下平面作为基准面。

二、气缸体的清洗

对气缸体进行清洗前，应将油道堵头及可拆下的零件全部拆下。凸轮轴和曲轴轴承等零件拆下后应做位置记号，以便装回原位。凸轮轴轴承拆装比较困难，铜制凸轮轴轴承不会被清洗液腐蚀，如无损坏可不必拆下。其它材质的凸轮轴轴承，价格比较便宜，一般拆下后不重复使用。气缸体上的油污应使用清洗液进行热清洗（注意：铝合金气缸体不能使用碱性清洗液清洗），清洗后必须用清水彻底冲刷，以免残留的清洗液对机件产生腐蚀。气缸体清洗后会很快干燥，应立即在其各加工表面涂上润滑油，以防止生锈。

气缸体内加工的油道，可用油道清洁刷和热肥皂水进行清洁。油道清洁后，应立即将油堵安装好，并将气缸体放置在清洁处。

三、气缸体裂损的检查与修理

发动机使用过程中，若发现冷却水异常消耗或润滑油中有水，则表明气缸体、气缸盖或气缸垫可能有裂损（裂纹或蚀损穿洞）。气缸体裂损一般是由设计制造中的缺陷、冷却水结冰或意外事故造成。气缸体裂损会导致漏气、漏水、漏油，影响发动机的正常工作，必须及时修理或更换。

（一）气缸体裂损的检查方法

气缸体裂损一般发生在水套或其它壁厚较薄的部位。明显的裂损可用目视或5倍放大镜检查出来，细小的裂损可通过水压或气压试验检查。

水压或气压试验压力约为0.3~0.4MPa。试验时，密封水道，将水压入气缸体，漏水部位即为气缸体裂损部位。气压试验时，将压缩空气压入气缸体后，将气缸体放入装水的容器或在气缸体表面涂肥皂水，冒气泡的部位即为气缸体裂损部位。检查出裂损部位后，应做好标记，以便修理。对气缸体的裂损可视情况采用焊补、粘接、螺钉填补等修复方法，必要时进行更换。

（二）气焊修理

气焊是利用可燃气体（乙炔）处于氧气中燃烧时产生的热量将焊条与焊件熔化为一体的简便焊接方法。此方法成本低，但焊后变形大。

对铸铁气缸体裂损可采用气焊修复。焊接前，可用汽油或洗涤剂清除焊接表面油污，并用砂布或其它方法清除锈迹和杂质，直至露出金属本色。若焊接部分厚度在6mm以上，应开V形坡口。若焊接部分在15mm以上，应开X形坡口。施焊时，选用QHT1铸铁焊条，对气缸体预热600~700℃，在不低于400℃下施焊。

（三）手工电弧焊修理

对铸铁气缸体裂损也可采用手工电弧焊修复。此方法焊接强度高，施焊速度快，但工艺复杂，成本较高。

采用手工电弧焊修理前，应清洁焊接表面，并在裂纹发展走向前方距裂纹终点约3~5mm处钻止裂孔，以防止裂纹延伸，止裂孔直径一般为3~5mm。对裂损较深的气缸体，

第二章　曲柄连杆机构与维修

为保证焊条金属与基体金属很好的结合，增加焊接强度，应在裂损处开坡口。

（四）粘接修理

对铝合金气缸体裂损可采用粘接修复。此方法工艺简单，成本低，且不会引起变形和金属组织的变化，在机械修复中应用广泛。

在粘接修理中，采用的粘接剂种类繁多，汽车零件粘接修复中常用的有环氧树脂胶、酚醛树脂胶和氧化铜胶等。其中氧化铜胶耐热性好（耐热温度600～900℃），最适宜气缸体粘接。氧化铜粘接剂是由320目的纯氧化铜粉和密度为1.7g/cm3的正磷酸（H3PO4）调制而成，调制工序为：将氧化铜粉和无水磷酸放在铜片上用竹片调匀，待能拉出7～10mm细丝时即可使用。粘接的方法可采用开V形槽法或贴加布层法。

（五）螺钉填补修理

对气缸体上较长的单裂纹可采用螺钉填补修复。方法如下：

1. 在裂纹两端钻直径为3～5mm的孔，并在钻好的孔内攻丝，将预先制好的紫铜螺钉旋入螺孔，将螺钉在距气缸体2～4mm处锯断。

2. 在靠近孔处钻孔，再攻丝，旋入螺钉并锯断。用同样方法依次在裂纹上补满螺钉。

3. 用手锤将螺钉和气缸体铆平并相互咬紧即可。

四、气缸磨损的检查与修理

发动机工作中，由于活塞在气缸内作往复直线运动，所以会造成气缸的磨损。气缸磨损严重时，会导致漏气、窜油，使发动机动力性和经济性下降。

（一）气缸磨损的检查

气缸磨损是有规律的。由于气缸上部润滑较差，而且气缸内燃烧的高压产生在活塞上止点附近，所以气缸的磨损一般呈上大下小的圆锥形。由于活塞在上、下止点换向时，其侧压力使活塞贴紧气缸的左右两侧，所以气缸在与曲轴轴线垂直的方向上磨损严重，而沿曲轴轴线方向上（发动机纵向）的磨损较轻。

清洁气缸壁上的油污和积炭后，在气缸的上、中、下3个不同的高度及气缸的纵向和横向两个方向的6个部位，用量缸表测量气缸直径，然后根据测量结果计算出气缸的最大磨损量、圆度和圆柱度。气缸的最大磨损量等于最大测量直径与标准直径之差，圆度等于在同一高度上测得的两个直径之差的一半，圆柱度等于在上、下两个高度上测得的最大直径与最小直径之差的一半。气缸磨损若未超过其使用极限，可更换活塞环继续使用。若气缸磨损超过使用极限，应进行镗磨修理或镶套修理。

（二）气缸的镗磨

镗磨气缸是指用专用的镗缸机对气缸实施镗削加工后，再使用珩磨机对镗削后的气缸进行珩磨。在一些汽车业发达的国家，气缸镗磨修理已基本消失，在我国也在逐渐减少。

（三）气缸的镶套

无修理尺寸的气缸，或气缸虽有修理尺寸，但其磨损

第二章 曲柄连杆机构与维修

后的尺寸已接近或超过最后一级修理尺寸时,可用镶气缸套的方法进行修理。对无气缸套的气缸进行镶套前,必须先加工承孔,承孔内径与缸套外径采用过盈配合。对镶有干式气缸套的气缸体,应用压力机压出旧缸套,并检查承孔与待换缸套过盈量是否符合要求。干式气缸套与承孔过盈量一般为0.03~0.08mm。新缸套应使用压力机压装,压装后气缸套上端平面应与气缸体上平面平齐。对装用湿式气缸套的气缸体,更换缸套时,只需拆旧换新,不需对承孔进行加工。但应注意:湿式缸套装配后应高出气缸体上平面0.05~0.15mm,以防漏水。

五、气缸体上平面变形的检查与修理

气缸体上平面变形多是由于发动机长期过热等原因引起,会影响与气缸盖接合的密封性。

六、断头螺栓的修理

在发动机维修中,可能会遇到拆卸断头螺栓的问题。如果断头螺栓高出缸体平面,可用钳子拆卸,或将断头螺栓高出部分锉修成扁方后用扳手拆卸。如果断头螺栓沉入孔不深,可用冲子将其逆时针冲出,或用正反转的电钻配以左旋转头钻动断头螺栓也可将其拆出。当断头螺栓无法拆出时,也可用钻重新攻制螺纹的方法进行修理,钻、攻时必须特别仔细,若钻、攻失败,则可将孔钻大并攻制大一级的螺纹,再配以相应的螺栓。

第三节　气缸盖、气缸垫的构造与维修

一、气缸盖的构造

气缸盖的功用是封闭气缸体上部，并与活塞顶构成燃烧室。气缸盖结构复杂，一般采用铸铁或铝合金材料铸造而成。对具体发动机而言，气缸盖的结构各异，但有许多共同点。

气缸盖与气缸体接合平面上的凹坑是燃烧室的组成部分。由于发动机一般都采用顶置气门式配气机构，所以在气缸盖上加工有气门座、气门导管孔、气道、摇臂轴安装座或凸轮轴安装座孔等。为润滑安装在气缸盖上的运动零件，在气缸盖内加工有油道。

在水冷式发动机的气缸盖内设有水套，气缸盖端面上的冷却水孔与气缸体上的冷却水孔相通，以便用循环冷却水对燃烧室等高温机件进行冷却。汽油发动机的气缸盖上还加工有火花塞安装座孔，柴油发动机气缸盖则加工有喷油器安装座孔。

在缸心距较大、缸数较多的发动机上，为制造和维修方便，减小缸盖变形对气缸密封性的影响，有些采用分开式气缸盖，即一缸一盖、二缸一盖或三缸一盖。

二、气缸盖的维修

（一）气缸盖裂损的检查与修理

气缸盖裂损一般发生在水套薄壁处或气门座等处，会导致漏水或漏气。裂损的原因一般是铸造引起的残余应力或使用不当。气缸盖裂损可参照气缸体裂损进行检查与修

第二章 曲柄连杆机构与维修

理。

(二) 气缸盖平面变形的检查与修理

气缸盖平面变形多发生在与气缸体的接合平面上,会影响气缸密封性,其原因一般是热处理不当,缸盖螺栓拧紧力矩不均或放置不当。检查方法与气缸缸体上平面变形检查基本相同,平面度误差一般不能超过0.05mm,否则应进行修理或更换。

对铝合金缸盖的变形多用压力校正法修理,即:将缸盖放置在平台上,用压力机在其凸起部分逐渐加压,同时用喷灯在变形处加热至300~400℃,待缸盖平面与平台贴合后保持压力直到冷却。

对铸铁气缸盖的变形一般采用磨削或铣削方法进行修理。但切削量不能过大,一般不允许超过0.5mm,否则将改变发动机压缩比。

(三) 清除燃烧室积炭

气缸盖上燃烧室内的积炭过多,会使燃烧室有效容积变小,改变发动机的压缩比。拆下气缸盖后,若发现燃烧室积炭过多,应采用机械方法或化学方法进行清理(见第一章)。

(四) 火花塞座孔损坏的修理

汽油发动机的火花塞为易损零件,使用中经常拆装。频繁的拆装有时会导致火花塞座孔螺纹损坏,可采用镶套法修理,即:将损坏的火花塞座孔钻大(约10mm)并攻制细牙螺纹,再用与气缸盖相同的材料加工一个合适的螺堵拧入已加大的火花塞座孔,在螺堵上加工安装火花塞的螺纹座孔。

（五）气缸盖的拆装

为避免气缸盖变形，拆卸气缸盖时，气缸盖螺栓应按由四周向中央的顺序，分2~4次逐渐拧松。

三、气缸垫的构造与维修

（一）气缸垫的构造

气缸垫安装在气缸盖与气缸体之间，其功用是保证气缸体与气缸盖的接合面密封。目前应用的气缸垫多数由金属与石棉及粘合剂压制而成，具有一定的弹性，用以补偿气缸体和气缸盖平面的平面度误差。气缸垫的水孔和燃烧室孔周围有镶边，以防被高温的冷却水或气体烧坏。

（二）气缸垫的维修

气缸垫的常见故障是烧蚀击穿，其原因主要是气缸盖和气缸体平面不平，气缸盖螺栓拧紧力矩不符合标准，气缸垫质量不好。气缸垫烧蚀击穿部位一般在水孔或燃烧室孔，会导致发动机漏气或冷却水进入润滑油中。损坏的缸垫只能更换，不能修理。

第四节　活塞的构造与维修

一、活塞的构造

活塞的功用主要是承受气缸中气体的压力，并将此压力传给连杆，以推动曲轴旋转，此外，活塞的顶部还与气缸盖和气缸体共同组成燃烧室。

活塞工作时承受很大的气体压力和高温，所以活塞必须有足够的强度和刚度，并且耐高温。此外，由于活塞在气缸

第二章 曲柄连杆机构与维修

内作往复运动，发动机在3000r/min的转速下工作时，活塞在每分钟内则需换向6000次，所以活塞必须尽可能的轻，以减小活塞换向时的惯性力。为此，活塞一般都用铝合金材料铸造或锻造而成。

活塞主要由活塞顶部、活塞头部和活塞裙部3部分组成，在活塞裙部的上部有活塞销座。

（一）活塞顶部

活塞顶部是燃烧室的组成部分，承受高温气体的压力。为适合各种发动机的不同的要求，活塞的顶部有各种不同的形状。有些活塞顶部在与气门对应的位置上有凹坑，是为防止活塞在上止点与气门相碰而设的。活塞缸位序号、加大尺寸、安装向前标记等一般也刻在活塞顶部。

（二）活塞头部

活塞头部是指活塞环槽以上的部分，主要用来安装活塞环，以实现气缸的密封。活塞头部加工有安装活塞环的环槽，一般有3～4道环槽，最下面一道环槽安装油环，其它环槽安装气环。油环环槽底部的孔可使气缸壁上多余的润滑油通过活塞内腔流回曲轴箱。有些油环槽的底部是一条较窄的槽，除有回油作用外，还有减少活塞头部向裙部传递热量的作用，所以称之为隔热槽。有些活塞的隔热槽设在油环槽下方的活塞裙部，还有些活塞在第一道环槽的上方设有隔热槽，以减少活塞顶部向下传递的热量。

（三）活塞裙部

活塞环槽以下的部分称活塞裙部，为活塞的往复运动起导向作用。在发动机工作时，受气体压力和活塞销座处金属较多的影响，活塞裙部沿活塞销轴线方向膨胀量较大，所以在常温下活塞裙部断面制成长轴垂直于活塞销方向的椭圆形，以保证在热态下活塞与气缸的配合间隙均匀。此外，发动机工作中，由于活塞的温度从上到下逐渐降低，膨胀量逐渐减小，所以在常温下活塞呈上小下大的锥形。

（四）活塞销座

活塞销座位于活塞裙部的上部，加工有座孔，用以安装活塞销。在活塞销座孔内一般加工有卡环槽，以便安装活塞销卡环，防止活塞销工作时轴向窜动。有些活塞销座上加工有油孔，以便飞溅的润滑油对活塞销与座孔进行润滑。为减小活塞销座处受热后的变形量，有些活塞的销座外表面是凹陷的。

在活塞内腔的活塞销座与活塞顶部之间一般铸有加强筋，以提高活塞的刚度。

二、活塞的维修

活塞的常见故障有破损、烧蚀、磨损。活塞是易损零件，价格也比较便宜，在汽车维修中一般不对活塞进行修理，但应查明故障原因，并予以排除。

（一）活塞的清洁

活塞上的积炭主要沉积在活塞顶部，可用刮刀清除。若活塞环槽内有积炭，必须清除干净，否则更换新活塞环后可能无法将活塞装入气缸。活塞环槽内的积炭可用折断的旧活塞环磨出合适的形状进行清除，但应注意不要刮伤活塞环槽底部，清除环槽内积炭后，还应用活塞环在环槽内滚动一圈

第二章 曲柄连杆机构与维修

检查环槽深度是否合适。

（二）活塞破损和烧蚀的检查与修理

活塞拆出后应检查其顶部有无异常，若有撞击造成的明显凹陷甚至是裂损，应及时查明故障原因，予以排除。发动机工作中，造成活塞受撞击损坏的原因一般是气门间隙过小、配气相位失准、气门弹簧折断等导致活塞与气门相撞，或维修时气缸内掉入异物。对受损的活塞，若其顶部虽有凹陷但无裂损可继续使用，若发现有裂纹或孔洞必须更换新件。活塞烧蚀呈现在活塞顶部，轻者有疏松状麻坑，重者有局部烧熔现象。活塞烧蚀主要是点火过早、汽油选用不当或长期在大负荷下工作等原因导致发动机产生爆震燃烧，使气缸内温度过高所引起。烧蚀较轻的活塞，允许继续使用，但烧蚀严重时必须更换，同时应对上述原因进行检查，排除故障。

（三）活塞环槽磨损的检查与修理

活塞环槽的磨损通常发生在高度方向上，第一道环槽磨损最严重。环槽磨损后使活塞环侧隙增大，如不及时修理或更换活塞，会引起发动机工作时烧机油和气缸压力下降等故障。

活塞环侧隙是指活塞环与环槽在高度方向上的配合间隙。测量时，将一个新活塞环放入环槽，用塞尺测量环的侧隙。若更换新活塞环后侧隙过小，可将活塞环平放在细砂布上研磨；若侧隙过大，说明环槽磨损，可将环槽车削加宽并更换加厚的活塞环，也可在活塞环上方加装组合式油环的刮油钢片，但普通发动机的活塞很便宜，一般可将环与活塞一

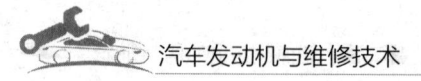

起更换。

(四) 活塞刮伤的检查与修理

活塞刮伤一般都有明显的痕迹,是由于在温度过高的情况下,活塞与气缸壁瞬时熔接而造成的一种异常磨损现象。活塞轻度刮伤,在不影响与气缸配合间隙的情况下,允许用细砂布打磨后继续使用,刮伤严重的活塞必须更换。

(五) 活塞的拆装

发动机工作中,活塞与气缸进行了良好的自然磨合,在拆装时不允许各缸活塞互换。因此,从气缸内拆出活塞时,必须注意活塞顶部有无缸位标记,如果没有应作缸位标记。活塞的方向一般不能装错,在活塞顶部有箭头、缺口标记的通常应朝向发动机前方,裙部有膨胀槽的应朝向承受侧压力较小的一侧(发动机顺时针转动,从前方看为右侧)。

第五节 活塞环、活塞销的构造与维修

一、活塞环的构造与维修

(一) 活塞环的功用

活塞环安装在活塞环槽内,按其功用可分为气环和油环两类。气环又称压缩环,其功用是密封活塞和气缸之间的间隙,防止漏气和窜油,并将活塞承受的热量传给气缸。油环的功用是刮去气缸壁上多余的润滑油,并在气缸壁上均匀布油。一般发动机上装有2~3道气环和一道油环。

(二) 活塞环的构造

活塞环虽然叫环,但在环上切有一个开口,称活塞环开

第二章 曲柄连杆机构与维修

口。利用活塞环开口,可以使活塞环直径略大于气缸直径,这样活塞装进气缸后,活塞环靠其弹性紧压在气缸壁上,以加强密封性。

为加强气环的密封性,防止润滑油窜入燃烧室,在各种发动机上采用了许多不同断面形状的气环。扭曲环有内切口和外切口两种,内切口扭曲环,即切口在内圆上边,而外切口扭曲环的切口则在外圆下边。油环可分为整体式和组合式两种。

一般用在负荷较大的发动机上,其外圆中部切有环槽,槽底开有若干回油孔,发动机工作时,利用上下两个板状环形切口将气缸壁上的多余润滑油刮下,并通过回油孔流回曲轴箱。多数轿车发动机都采用三件组合式油环,它由上下两片刮油钢片和一个衬簧组成。刮油钢片很薄,刮油作用强,对防止润滑油窜入燃烧室更有利。

二、活塞销的构造与维修

（一）活塞销的构造

活塞销的功用是将活塞和连杆连接在一起,将活塞承受的气体压力传给连杆。活塞销为空心管状结构,外表面为圆柱形,内孔形状有圆柱形、截锥形和组合形。圆柱形孔容易加工,但活塞销的质量较大。截锥形孔则加工较复杂,但有利于减小活塞销的质量。组合形孔的活塞销质量介于二者之间。

活塞销与活塞销座孔和连杆的连接方式有半浮式和全浮式两种。半浮式连接是在发动机工作时,活塞销与座孔为间隙配合,而活塞销与连杆小头为过盈配合,活塞销只能在座孔内浮动。全浮式连接是在发动机工作时，活塞销与连杆小头和座孔均为间隙配合，活塞销可在座孔和连杆小头的衬套孔内自由转动。采用半浮式连接，连杆小头不必装连杆衬套，从而也减少了连杆衬套的维修作业，但活塞销磨损不均匀。采用全浮式连接，必须在活塞销座孔两端装入卡环，以防止活塞销窜动而刮伤气缸，全浮式活塞销磨损均匀。

（二）活塞销的拆装

采用半浮式连接的活塞销，必须在压床上拆卸或安装，在维修中若不更换活塞，就不必拆下活塞销。采用铝合金活塞时，活塞销在常温下与座孔为过渡配合，安装时先将活塞在温度为70~80℃的水中或油中加热，然后再将活塞销装入。拆卸活塞销时，应将活塞和连杆按缸位摆放好，以免装错。同时还应注意活塞与连杆上是否有安装方向标记，如果没有，应作标记，以便安装时保证其正确的方向。

第六节　连杆的构造与维修

一、连杆的构造

连杆的功用是将活塞承受的气体压力传给曲轴，使活塞的往复直线运动变为曲轴的旋转运动。连杆由连杆小头、杆身和连杆大头（包括连杆盖）3部分组成。

连杆小头与活塞销相连，采用全浮式连接的活塞销时，在连杆小头孔内装有减磨的连杆衬套。为润滑连杆衬套和活塞销，在连杆小头和衬套上加工有集油孔或集油槽。连杆杆身通常采用"工"字形断面，以求在保证连杆强度和刚度的

第二章 曲柄连杆机构与维修

前提下减轻其质量。

连杆大头是分开的，分开的部分称连杆盖，连杆盖与连杆用连杆螺栓连接。连杆螺栓是特制的，其根部有一段直径较大的部分，它与螺栓孔配合起定位作用，防止装配时连杆盖与连杆错位。为保证连杆螺栓连接更加可靠，一般都采用了开口销、自锁螺母或双螺母等锁止装置，以防工作时松动。

连杆大头与曲轴连接，大头内孔装有两半的连杆轴承，轴承有一定的弹性，安装后轴承背面与连杆大头内孔紧密贴合，形成过盈配合。连杆大头的内孔加工有连杆轴承定位的凹槽，安装时轴承背面的凸键卡在凹槽中，使连杆轴承定位。连杆轴承的内表面加工有油槽，用以贮油保证可靠润滑。有些连杆轴承及连杆大头还加工有径向小油孔，从油孔中喷出的油可使气缸壁得到更好的润滑。连杆大头与连杆盖按切分面方向可分为平切口和斜切口两种，采用最多的是平切口。有些负荷较大的柴油发动机连杆，由于连杆大头直径比气缸直径大，为拆装时能使连杆通过气缸，连杆大头与连杆盖切分面采用斜切口形式。斜切口的连杆盖与连杆大头一般不是靠连杆螺栓与螺栓孔配合定位，有的在连杆盖的螺栓孔内压装一个定位套与连杆大头螺栓孔配合定位，有的则在切分面上采用锯齿定位、定位销定位或止口定位。连杆大头一般都是对称的，但也有部分发动机（多数是V形发动机）为减小连杆大头的轴向尺寸，采用偏位连杆，即连杆大头两端面与连杆杆身中心平面不对称。偏位连杆安装时方向不能装反，V形发动机装在同一连杆轴颈上的连杆应短面相对，

直列发动机偏位连杆的短面应朝向曲轴主轴颈。

二、连杆的维修

（一）连杆的拆装

连杆大头内孔是与连杆盖配对装合后加工的，而且连杆装配后的质量在出厂时都有较严格的控制，为此，连杆和连杆盖的组合不能装错，一般都刻有配对标记（常用数字），拆装时必须注意。连杆上的喷油孔和偏位连杆都有方向性，同时为确保连杆大头和小头与配合件的配合位置准确无误，连杆的杆身上制有朝前的标记，并在连杆大头侧面刻有缸位序号，装配时不可装反，也不可装错缸位。

连杆螺栓必须根据不同发动机的要求按规定力矩拧紧。带开口销的，不可漏装开口销。

（二）连杆变形的检查和校正

连杆变形主要是弯曲和扭曲，其主要危害是导致气缸、活塞和连杆轴承异常磨损。如活塞裙部在活塞销座两侧或连杆轴承在对角方向的上下两边出现异常磨损，则说明是连杆变形造成的。对采用全浮式连接的活塞销，连杆弯曲可能会引起活塞销卡环脱出。

连杆变形量的检查必须使用专用的连杆检测仪器。检查连杆变形时，将连杆轴承盖装好，活塞销装入连杆小头，再将连杆大头固定在检测器的定心轴上，然后把三点式量规的V形槽贴紧活塞销，用塞尺测量检测器平面与量规指销之间的间隙。三点式量规有3个指销，上面1个下面2个，3个指销均与检测器平面接触，说明连杆无变形；若量规仅上面1个指销（或下面2个指销）与检测器平面有间隙，说明连杆弯曲变形，间隙大小反映了连杆的弯曲程度；若量规下面的两个指销与检测器平面的间隙不同，说明连杆有扭曲变形，两指销的间隙差反映了连杆的扭曲程度；若上述两种情况并存，说明连杆即有弯曲变形，又有扭曲变形。连杆弯曲或扭曲超过其允许极限时，应进行校正或更换连杆。

第七节 曲轴、飞轮的构造与维修

一、曲轴的构造

（一）曲轴的功用和基本组成

曲轴的功用是承受连杆传来的力，并由此产生绕自身轴线的旋转力矩，该力矩通过飞轮输送给底盘驱动汽车行驶。曲轴还用来驱动发动机的配气机构和水泵、发电机、空气压缩机等附件。曲轴的基本组成包括前端轴、主轴颈、连杆轴颈（曲柄销）、曲柄、平衡重和后端凸缘等。曲轴上磨光的表面为轴颈。将曲轴支撑在曲轴箱内旋转的轴颈为主轴颈，主轴颈的轴线都在同一直线上。偏离主轴颈轴线用以安装连杆的轴颈为连杆轴颈（或称曲柄销），连杆轴颈之间有一定夹角。连杆轴颈与主轴颈之间还设有润滑油道。将连杆轴颈和主轴颈连接到一起的部分称曲柄，连杆轴颈和曲柄共同将连杆传来的力转变成曲轴的旋转力矩。轴颈与曲柄之间有过渡圆角，以增加强度。曲轴前端轴用以安装水泵皮带轮、曲轴正时皮带轮（或正时齿轮、正时链轮）、起动爪等。曲轴后端凸缘用以安装飞轮。

（二）曲轴的支撑

曲轴的支撑形式按曲轴的主轴颈数，可将曲轴分为全支撑曲轴和非全支撑曲轴。在相邻的两个连杆轴颈之间，都设有主轴颈的曲轴称全支撑曲轴，否则称为非全支撑曲轴。显然，全支撑曲轴的主轴颈数比连杆轴颈数多一个，而非全支撑曲轴的主轴颈数等于或少于连杆轴颈数。

（三）连杆轴颈的布置

多缸发动机的连杆轴颈布置因气缸数、气缸排列形式和作功顺序（即点火顺序）而异。多缸发动机连杆轴颈的布置，应尽可能保证连续作功的两个气缸距离足够远，且各缸作功间隔要力求均匀。

为保证发动机运转平稳，一般在连杆轴颈相对的位置上设有平衡重。发动机曲轴设置的平衡重数量有4块、6块、8块等。在少数发动机上采用组合式曲轴，即将曲轴的各部分分段加工，然后组装成整个曲轴。采用组合式曲轴的发动机，一般连杆大头为整体式，主轴承为滚动轴承，相应曲轴箱为隧道式。

（四）曲轴的轴向定位及密封

在汽车使用中，自动变速器的液力变矩器或离合器对曲轴产生轴向推力，汽车上下坡时，均可能使曲轴发生轴向窜动，而曲轴的轴向窜动会影响曲柄连杆机构各零件之间的相互配合位置，所以必须采用定位装置加以限制。曲轴的轴向定位装置是安装在某一主轴承两侧的两个止推垫片，安装在曲轴前端第一道主轴颈处的止推垫片一般为整体式，安装在中间主轴颈处的止推垫片为分开式，有的分开式止推垫片

第二章 曲柄连杆机构与维修

与主轴承制成一体而成为翻边轴承。曲轴前后端都伸出曲轴箱。为防止润滑油流出曲轴箱，在曲轴前后端均设有密封装置。为保证密封可靠，一般都没有两种密封装置。

（五）扭转减振器

发动机工作时，经连杆传给曲轴的作用力呈周期性变化，所以使曲轴旋转的瞬时角速度也呈周期性变化。安装在曲轴后端的飞轮，由于转动惯量较大，其瞬时角速度比较均匀，这样就造成曲轴相对于飞轮转动出现时快时慢的现象，使曲轴产生扭转振动。为消减曲轴的扭转振动，在发动机曲轴前端多装有扭转减振器。扭转减振器有橡胶式、摩擦式、硅油式等多种形式，常用的是橡胶式扭转减振器。

二、曲轴的维修

曲轴的常见故障是轴颈磨损、曲轴弯曲和扭曲变形，严重时出现曲轴裂纹，甚至断裂。

（一）曲轴裂纹的检查与修理

曲轴裂纹一般发生在轴颈两端过渡圆角处或油孔处，裂纹较严重时可观察到，或用锤子轻轻敲击平衡重，有裂纹时声音钝哑。检查裂纹的最好方法是在专用的磁力探伤仪上进行磁力探伤。曲轴裂纹可进行焊修，但一般均更换新件。

（二）曲轴弯曲的检查与修理

曲轴弯曲的检查。将曲轴放在检测平板上的V形架上，百分表指针抵触在中间主轴颈上，转动曲轴一圈，百分表指针的摆差（径向圆跳动误差）一般应不超过0.04~0.06mm。

曲轴弯曲较轻（径向圆跳动误差小于0.1mm）时，一般可经磨削曲轴后消除。弯曲严重的曲轴必须进行校正，必要时更换曲轴。

在压床上冷压校正曲轴的方法,将曲轴放在平台的V形支架上,使曲轴弯曲的拱面向上,用叉形压头压在两连杆轴颈上(应垫铜皮保护),使曲轴下面两个百分表指针抵触到轴颈上,然后开动压床,根据百分表显示当加压变形量达到预定值时停止加压,保持2~3min即可。注意:校正曲轴时,加压的压力方向应与曲轴轴线垂直,加压要均匀;加压变形量应视曲轴材料而定,中碳钢锻造的曲轴为原变形量的30~40倍,铸铁铸造的曲轴为原变形量的15~30倍;为防止校正后变形又恢复,可进行回火热处理。

(三)曲轴磨损的检查与修理

曲轴轴颈的磨损可用外径千分尺测量其直径来确定。一般轿车发动机曲轴轴颈的圆度和圆柱度(计算方法与气缸类似)超过0.01~0.0125mm时,应进行磨削修理,轴颈直径达到其使用极限时应更换曲轴。

曲轴主轴颈磨损严重失圆时,发动机熄火后曲轴往往停在同一位置上,发动机起动时飞轮上总是局部的几个齿与起动机齿轮啮合,所以可根据飞轮齿圈磨损情况判断。连杆弯曲变形可导致连杆轴颈锥形磨损,所以连杆轴颈圆柱度过大时,应检查曲轴是否有弯曲变形。

三、飞轮的构造与维修

(一)飞轮的功用

飞轮的主要功用是:贮存作功行程中的部分能量,以便在其它行程带动曲柄连杆机构工作;保证曲轴运转均匀,克服短时间的超负荷;通过飞轮齿圈与起动机小齿轮啮合,以

第二章 曲柄连杆机构与维修

便起动发动机；通过飞轮将发动机的动力传递给离合器或自动变速器。

（二）飞轮的构造

飞轮是一个转动惯量较大的金属圆盘，飞轮外缘一般较厚，以保证在有足够转动惯量的前提下，尽可能减轻飞轮质量。飞轮的外缘压装有起动用的齿圈。飞轮通过螺栓与曲轴后端凸缘连接，为保证飞轮与曲轴的正确安装位置，一般用定位销或不对称螺栓孔来保证。飞轮上一般刻有第一缸点火正时标记，以便校准点火正时。各型发动机的正时标记有不同的形式。

（三）飞轮的维修

飞轮的主要故障是工作面磨损、齿圈磨损或断齿。装用手动变速器的汽车，飞轮与离合器接触的一面会有沟槽磨损，磨损较轻（沟槽深度小于0.5mm）时允许继续使用，磨损严重（沟槽深度超过0.5mm）或槽纹较多时应磨削工作面，必要时更换飞轮。注意：飞轮工作面的磨削总量不能超过1mm，更换新的飞轮时应刻上正时标记，新飞轮与曲轴安装后应进行动平衡。

飞轮齿圈若有损坏，必须更换。更换齿圈时，可用铜冲将齿圈从飞轮上拆下；安装时，先将齿圈加热（不要超过400℃），再用锤子将齿圈敲到飞轮上。注意：齿圈有导角的一面应朝向曲轴。

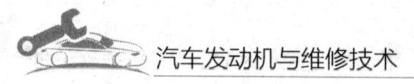

第八节 曲轴轴承的构造与维修

一、轴承的构造

曲轴轴承包括连杆轴承(俗称小瓦)和曲轴主轴承(俗称大瓦),其结构基本相同。曲轴轴承的功用主要是减小摩擦和减轻曲轴等零件的磨损。

现代发动机装用的连杆轴承和曲轴主轴承一般都是分开式滑动轴承,主要由钢背和减磨层组成,钢背是轴承的基体,在钢背的内圆表面制有耐磨的减磨层。为对轴承进行可靠润滑,在轴承内表面制有油槽贮油,在主轴承上还制有通油孔,以便润滑油进入曲轴内的油道。

为防止发动机工作时轴承发生轴向窜动,在轴承的钢背上制有定位凸键或定位销孔,以便安装后定位。发动机工作中,为防止轴承在座孔内转动,轴承有自由弹势和一定的压紧量,自由弹势是指轴承在自由状态下的曲率半径比座孔大,压紧量是指轴承装入座孔后略高出座孔分界面,这样,可使轴承装配后紧压在座孔内,既能防止轴承在座孔内转动,又利于轴承散热。

曲轴轴承一般都经过选配,且发动机工作中旧的轴承也进行了自然磨合,所以在发动机维修时,应注意轴承及其轴承盖的安装位置要装错。

二、轴承间隙的检查

曲轴的轴承间隙失准,容易产生异响,甚至导致轴承和轴颈烧蚀。轴承间隙可通过测量轴颈直径和轴承孔径来检查，也可用塑料间隙规进行测量。用塑料间隙规检查轴承间隙的方法如下：

（一）将轴承和轴颈清理干净，将曲轴安放到曲轴箱内。

（二）将与轴颈等长度的塑料间隙规放在轴颈上避开油孔的部位，在轴承盖内的轴承表面涂上润滑油，装上轴承盖并按规定力矩拧紧轴承盖螺栓。注意：塑料间隙规应沿曲轴轴向放置，且不能放在承受曲轴重量的位置；测量过程中，不能转动曲轴。

（三）拆下轴承盖，用被压扁的间隙规最宽部位与塑料间隙规标尺对合比较，即可确定轴承最大间隙。若间隙规被压厚度不均匀，说明轴颈有锥度。

（四）轴承间隙因车型而异。若使用过的轴承间隙过大，应更换轴承；若新轴承间隙过大或过小，一般应重新选配，间隙过小一般允许进行少量的刮削。由于用垫片调整轴承间隙会破坏轴承与轴颈及座孔的正确配合，一般不再使用。

（五）塑料间隙规可溶于润滑油，所以若粘接在轴颈或轴承上，可用润滑油进行清理。

第九节　平衡轴系统的构造与维修

一、平衡轴系统的构造

部分轿车发动机装有平衡轴系统，其功用与曲轴上的平衡重相似，均是用来平衡曲柄连杆机构所产生的惯性力，减轻发动机的振动。平衡轴系统可分为单平衡轴和双平衡轴两种。

美国GM公司LUMINA（鲁米娜）旅行车装用的V形六缸3.8L发动机平衡轴系统，其平衡轴安装在气缸体上，前端由球轴承支撑，后端由滚针轴承支撑。平衡轴由凸轮轴齿轮驱动，而凸轮轴则由曲轴通过正时链条驱动。平衡轴的转速与曲轴相同，而旋转方向与曲轴相反。

广州本田轿车发动机平衡轴系统，两根平衡轴分别有3道支撑轴颈，均采用滑动轴承支撑，两根平衡轴通过一根皮带由曲轴驱动。平衡轴本身重量并不平衡，发动机工作中，平衡轴产生的惯性力正好与曲柄连杆机构引起发动机振动的惯性力大小相等、方向相反。

二、平衡轴系统的维修

安装平衡轴系统时，应注意对正平衡轴驱动装置上的正时标记，否则，平衡轴不仅起不到平衡作用，反而会加剧发动机的振动。安装时，平衡轴齿轮与凸轮轴齿轮、曲轴正时链轮与凸轮轴正时链轮上的标记均需对正。平衡轴系统的主要故障是轴颈和轴承磨损、平衡轴变形。轴颈磨损可通过测量其直径确定，若轴颈直径超过其使用极限，应更换平衡轴。平衡轴支承轴承若有损坏或磨损严重，应更换轴承。平衡轴弯曲变形与曲轴弯曲变形的检查方法基本相同，变形量超过使用极限时，应更换平衡轴。

采用滑动轴承支撑的平衡轴，用外径千分尺测量平衡轴

第二章 曲柄连杆机构与维修

支承轴颈直径，用量缸表测量轴承内径，并计算配合间隙，若配合间隙超过使用极限，应更换平衡轴或轴承，必要时两者一起更换。

第三章

配气机构与维修

第一节 配气机构的功用与组成

一、配气机构的功用

配气机构的功用是按照发动机的工作需要,定时地开启和关闭进、排气门,使新鲜混合气(汽油机)或空气(柴油机)及时进入气缸,使气缸内的废气及时排出。

二、配气机构的基本组成

发动机配气机构的基本组成可分为两部分:气门组和气门传动组。气门组用来封闭进、排气道,气门组的组成与配气机构的形式基本无关而大致相同,主要零件包括气门、气门座、气门弹簧、气门导管等。

气门传动组是从正时齿轮开始至推动气门动作的所有零件,其功用是使气门定时开启和关闭,它的组成因配气机构的形式不同而异,主要零件包括正时齿轮(正时链轮和链条或正时皮带轮和皮带)、凸轮轴、挺杆、推杆、摇臂轴和摇臂等。

发动机工作时,曲轴通过正时齿轮驱动凸轮轴旋转,使凸轮轴上的凸轮凸起部分通过挺杆和推杆推动摇臂绕摇臂轴

第三章 配气机构与维修

摆转，摇臂的另一端便向下推开气门，并使气门弹簧进一步压缩。当凸轮的顶点转过挺杆后，便逐渐减小了对挺杆的推力，气门在其弹簧弹力的作用下，开度逐渐减小，直至最后关闭。

为防止发动机工作中配气机构零件受热膨胀而导致气门关闭不严，摇臂与气门尾端须留有一定的间隙（气门间隙）。在装有液力挺杆的配气机构中，不需留气门间隙。由于四冲程发动机每完成一个工作循环，曲轴转两圈，而各缸只进、排气一次，也即凸轮轴只需转一圈，所以曲轴与凸轮轴的传动比为2∶1。

三、典型汽车发动机配气机构

发动机配气机构形式多种多样，其主要区别是气门布置形式和数量、凸轮轴布置形式和驱动方式不同。现代汽车发动机一般都采用顶置式气门配气机构，即气门安装在燃烧室的顶部。每个气缸一般安装两个气门，一个进气门和一个排气门。为提高发动机性能，部分发动机采用了多气门结构，应用较多的是四气门，每缸两个进气门和两个排气门。多缸发动机的气门一般都沿机体纵轴线方向排成一列，有些发动机将进、排气门分别布置成两列。进、排气门的排列顺序取决于发动机进、排气道的结构形式，有的进排气门间隔排列，有的相邻气缸的同名气门相邻。凸轮轴的驱动方式有齿轮传动、链条传动和齿形皮带传动3种。配气机构通常按凸轮轴的安装位置分为下置凸轮轴式、侧置凸轮轴式和顶置凸轮轴式3种类型。

第二节 气门组零件的构造与维修

气门组零件主要包括气门、气门座、气门导管和气门弹簧等。

一、气门的构造与维修

（一）气门的构造

气门分进气门和排气门，二者构造基本相同。气门由头部与杆部两部分组成。气门头部的作用是与气门座配合，对气缸进行密封；杆部则与气门导管配合，为气门的运动起导向作用。

气门头部形状有平顶、喇叭形顶和球面顶。平顶结构的气门具有结构简单、制造方便、受热面积小等优点，多数发动机的进、排气门均采用此结构的气门。喇叭顶气门的进气阻力小，只适合作进气门。球面顶气门的排气阻力小，只适合作排气门。气门头部与气门座接触的工作面称气门密封锥面，该密封锥面与气门顶平面的夹角称为气门锥角，气门锥角一般为45°，有些发动机的进气门锥角为30°。进、排气门的头部直径一般不等，进气门头部直径较大。气门杆部为圆柱形，在靠近尾部处加工有环形槽或锁销孔，以便用锁片或锁销固定弹簧座。锁片式固定方式的气门杆上有环形槽，外表为锥形、内孔有环形凸台的锁片分成两半，气门组装配到气缸盖上后，锁片内孔环形凸台卡在气门杆上的环槽内，在气门弹簧作用下，锁片外圆锥面与弹簧座锥形内孔配合，

第三章 配气机构与维修

使弹簧座固定。锁销式固定方式则是将锁销插入气门杆上的孔内，由于锁销长度大于弹簧座孔径，所以可使弹簧座固定。

（二）气门的拆装

拆装气门时，必须先使用专用气门拆装钳压缩气门弹簧，然后拆下或装上气门锁片或锁销，并慢慢放松气门弹簧即可。

拆下的气门，必须作好标记并按顺序摆放，以免破坏气门与气门座及气门导管的配合。气门锁片或锁销很小，应注意不要丢失。

（三）气门杆部弯曲的检查与修理

气门杆部弯曲变形可进行检查，若弯曲变形超过允许极限，应校正或更换气门。气门杆直线度误差一般应不大于0.03mm。

气门杆弯曲校正应在压床上进行冷压校正，使弯曲拱面向上，用压床使其产生反变形，校压量一般为实际弯曲量的10倍，并保持2min。

（四）气门磨损和烧蚀的检查与修理

气门磨损情况可用千分尺和卡尺对各尺寸进行测量检查，若测得尺寸不符合规定，应更换气门。

气门密封锥面有轻微斑痕、沟槽或烧蚀，可在专用气门光磨机上进行光磨修理。光磨的气门可与气门座之间有0.5°～1.0°的气门密封干涉角。这样有利于气门与气门座磨合。修理后的气门尺寸应符合规定，修理气门后还应铰修气门座，并进行气门研磨。气门密封锥面斑痕、沟槽或烧蚀

严重时，应更换气门。

二、气门座的构造与维修

（一）气门座的构造

进、排气道口直接与气门密封锥面接触的部位称气门座。其功用是与气门配合，使气缸密封。多数发动机的气门座单独制成座圈，然后压装到燃烧室内的进、排气道口处，以提高使用寿命和便于修理更换。气门座与座孔有足够的过盈配合量，以防止发动机工作时脱落。

为保证气门与气门座可靠密封，气门座上加工有与气门相适应的锥角，气门座的锥角包括3部分。45°（或30°）的锥面是与气门密封锥面配合的工作面，宽度b为1～3mm，15°和75°（各车型要求不同）锥角是用来修正工作面位置和宽度的。

（二）气门座的铰修

发动机工作时，气门座承受高温和气门落座时的冲击，经常出现工作锥面烧蚀、变宽或与气门接触环带断线等故障，一般可通过铰削和研磨进行修理。气门座的铰削通常用气门座铰刀进行手工加工。气门座铰刀是由多只不同直径、不同锥角的铰刀组成。气门座一般应先粗铰后精铰，以锥角分别为45°、15°和75°的气门座为例，铰削方法如下：

1. 修理气门座前，应检查气门导管（见后述内容），若不符合要求应先更换或修理气门导管，以保证气门座与气门导管的中心线重合。

2. 按气门头部直径和气门座各锥面角度选择一组合适的气门座铰刀。按气门导管内径选择合适的气门座铰刀杆，

第三章 配气机构与维修

铰刀杆插入气门导管应转动灵活而不松旷。

3．先用45°的粗铰刀加工气门座工作锥面，直到工作面全部露出金属光泽。

注意：铰削时，两手握住手柄垂直向下用力，并只作顺时针方向转动，不允许倒转或小范围内转动。

4．然后用修理好的气门或新气门进行试配，根据气门密封锥面接触环带的位置和宽度进行调整铰削。接触环带偏向气门杆部，应用75°的铰刀铰削；接触环带偏向气门顶部，应用15°的铰刀修正。铰削好的气门座工作面宽度应符合规定，接触环带应处在气门密封锥面中部偏气门顶的位置。

5．最后用45°的细铰刀精铰气门座工作锥面，并在铰刀下面垫上细砂布修磨。

（三）气门与气门座的研磨

气门座铰削好后，应在气门与气门座之间涂上少许研磨砂进行手工研磨，以保证气门与气门座的密封性。

气门与气门座的密封性可用划线法进行检查，即用软铅笔在气门密封锥面上每隔10mm划一条线，将气门装入气门导管，用手将气门与气门座压紧并往复转动1/4圈，然后取下气门检查，若所有划线均被切断，说明气门与气门座密封良好，否则应继续研磨。

（四）气门座圈的更换

气门座损坏、严重烧蚀、松动或下沉2mm（指测量的气门顶部下沉量）以上，应更换气门座圈。若气门座是在气缸盖上直接加工的，则必须更换气缸盖。拆卸旧座圈时，对铝合金气缸盖不可用撬动方法拆卸,用镗削加工方法将旧座圈镗削只剩一薄层,就可很容易地拆下旧座圈;也可将一合适的旧气门焊接到座圈上,然后敲击气门杆拆下旧座圈。安装新座圈前,应对座孔进行加工,使新座圈与座孔过盈配合量约为 0.08~0.12mm。安装新座圈时,可将座圈放在固体二氧化碳(干冰)或液态氮中冷却,使其冷缩,然后再将气门座圈敲入座孔。

三、气门导管的构造与维修

(一)气门导管的构造

气门导管的功用是给气门的运动作导向,并将气门杆所承受的热量传给气缸盖。气门导管为一空心管状结构,压装在气缸盖上的导管孔中,其外圆柱面与导管孔的配合有一定的过盈量,以保证良好地传热和防止松脱。有些发动机为防止气门导管脱落,采用卡环对气门导管进行定位。气门导管的下端伸入气道,为减小对气流造成的阻力,故将伸入气道的部分制成锥形。气门导管内孔与气门杆之间为间隙配合,为防止润滑油从气门杆与气门导管的间隙中漏入燃烧室,故在气门导管的上端安装气门油封。

(二)气门导管磨损的检查与修理

气门导管磨损后会使其与气门杆的配合间隙增大,导致气门工作时摆动,关闭不严。特别是排气门与导管配合间隙过大时,高温废气窜入气门杆与导管间隙,会破坏润滑、加速磨损,严重时会造成导管内润滑油烧结,使气门卡死。

气门导管的磨损情况可通过导管与气门杆配合间隙间接检查,配合间隙的检查有两种方法:一种是用伸缩式内径测

第三章 配气机构与维修

量仪或带百分表的内径测量仪直接测量导管内径，再用千分尺测量气门杆直径，并计算其配合间隙；另外一种是先把气门安装在导管内并提起使其高于气缸盖平面10～15mm，然后将百分表测头触到气门头边缘，测量气门头的摆动量。

（三）更换气门导管

更换气门导管时，应先用气门导管冲子和锤子将气门导管按规定方向（一般为气缸盖上方）拆出。对于装有限位卡环的气门导管应先将其漏出承孔的部分敲断，然后再将它拆出。对于铸铁缸盖可不加热，而对于铝合金缸盖应加热后再拆卸气门导管，以免缸盖裂损。拆下旧气门导管后，应根据新导管外径适当铰削座孔，使其有一定的过盈量（一般为0.015～0.065mm）。安装导管前应先对缸盖加热，加热时可用热水（60～80℃）或用喷灯加热，然后用冲子和锤子将新导管敲入座孔，伸出气道的高度应符合规定。气门导管安装好后，应用长刃铰刀铰削内孔，使导管与气门杆配合间隙符合标准。

（四）更换气门油封

润滑油无泄漏而消耗异常时，一般都是活塞与气缸配合间隙过大或气门油封漏油。更换气门油封时，将气门组零件从气缸盖上拆下后，应使用专用工具安装气门油封。

注意：有些发动机进、排气门油封是不同的，如广州本田进气门油封的弹簧为白色，而排气门油封的弹簧为黑色，安装时不能装错。

第三节　气门传动组零件的构造与维修

气门传动组是从正时齿轮开始至推动气门动作的所有零件，其组成因配气机构的形式不同而异，主要零件包括凸轮轴及其驱动装置、挺杆、推杆、摇臂总成等。

一、凸轮轴的构造与维修

（一）凸轮轴的构造

凸轮轴是气门传动组的主要零件，其功用主要是利用凸轮控制各缸进、排气门的开启和关闭。此外，在有些汽油发动机上，还利用凸轮轴驱动分电器、汽油泵和机油泵。各种发动机装用的凸轮轴数量是不同的。下置或侧置凸轮轴式发动机一般只装用一根凸轮轴，单顶置凸轮轴式直列发动机也是一根凸轮轴，单顶置凸轮轴式V形发动机和双顶置凸轮轴式直列发动机有两根凸轮轴，双顶置凸轮轴式V形发动机则必须装用4根凸轮轴。

凸轮的轮廓形状决定着气门的最大升程、气门开启和关闭时的运动规律及持续时间。凸轮轴的轮廓形状是由制造厂根据发动机工作需要设计的。

凸轮轴的轴颈数在不同发动机上不一定相同，一般采用全支撑方式（参见曲轴支撑方式），以提高其支撑刚度。有些凸轮轴安装在气缸体或气缸盖上整体式的座孔中，座孔中一般压装有整体式凸轮轴轴承。为拆装方便，凸轮轴轴颈直径由前至后逐渐减小。有些顶置式凸轮轴用

第三章 配气机构与维修

轴承盖安装在气缸盖顶部，采用此方式安装的凸轮轴各轴颈直径相等，凸轮轴轴承相应采用剖分式或轴颈直接与座孔配合（没有凸轮轴轴承）。有些凸轮轴的轴颈上加工有不同形状的油槽或油孔，油槽或油孔是为通过油道从轴颈处将润滑油送往其它部位而设的。凸轮轴安装后，为防止其发生轴向窜动，凸轮轴都设有轴向定位装置。在凸轮轴第一道轴颈与正时齿轮之间装有隔圈，止推凸缘松套在隔圈外面并用螺栓固定在气缸体上，这样当凸轮轴发生轴向窜动时，止推凸缘顶靠住正时齿轮的轮毂或凸轮轴第一轴颈的端面，即起到了轴向定位的作用。为保证凸轮轴的正常转动，允许凸轮轴有一定的轴向窜动量，所以隔圈的厚度比止推凸缘厚度略大，两者的差值称凸轮轴的轴向间隙，此间隙一般为0.08～0.20mm。

（二）凸轮轴轴向间隙的检查与修理

检查凸轮轴的轴向间隙时，对采用定位装置的凸轮轴，可将凸轮轴总成（带正时齿轮和止推凸缘）拆下后，用塞尺直接插入止推凸缘与凸轮轴轴颈间，来测量凸轮轴的轴向间隙。用百分表能更精确地测量凸轮轴的轴向间隙。拆下气门传动组其它零件后，凸轮轴可不拆下或按规定重新装上，用百分表测头抵在凸轮轴端，前后推拉凸轮轴，百分表指针的摆动量即为凸轮轴的轴向间隙。

（三）凸轮轴弯曲的检查与修理

检查凸轮轴弯曲变形可用其两端轴颈外圆或两端的中心孔作基准，测量中间一道轴颈的径向圆跳动量。凸轮轴径向圆跳动量一般为0.01～0.03mm，允许极限一般为

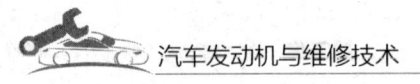

0.05～0.10mm。若超过极限值，可对凸轮轴进行冷压校正，必要时应进行更换。

（四）凸轮磨损的检查

凸轮的常见故障有表面磨损、擦伤和麻点剥落等，其中以磨损最为常见。凸轮的磨损是不均匀的，一般凸轮的顶尖附近磨损较严重。凸轮磨损后，凸轮高度减小，会使气门的最大升程减小，影响发动机工作时的进、排气阻力。凸轮的磨损程度可通过测量凸轮的高度H或凸轮升程h来检查。

凸轮高度可用外径千分尺或游标卡尺测量，凸轮升程为凸轮高度与基圆直径之差。凸轮高度或升程若超过允许极限，应更换凸轮轴。

凸轮轴轴颈及轴承的磨损情况可通过测量其配合间隙来检查，凸轮轴轴颈与轴承配合间隙可参照曲轴轴承间隙测量方法进行测量。轴颈与轴承配合间隙一般为0.02～0.10mm，允许极限一般为0.10～0.20mm。有些发动机的凸轮轴轴颈允许修磨，当轴颈与轴承配合间隙超过允许极限时，可磨削轴颈，并选配同级修理尺寸的轴承。有不少发动机凸轮轴轴颈和轴承无修理尺寸，当轴颈与轴承的配合间隙超过其允许极限时，应更换凸轮轴或轴承，必要时两者一起更换。对无凸轮轴轴承的，若凸轮轴座孔磨损严重，只能更换气缸体或气缸盖。

二、正时传动装置的构造与维修

凸轮轴靠曲轴来驱动，传动方式有齿轮式、链条式和齿形带式3种。气门的开启和关闭时刻、凸轮轴与曲轴的传动比均靠传动装置来保证。

第三章 配气机构与维修

（一）齿轮传动装置

齿轮传动具有传动平稳、可靠、不需调整等优点，下置凸轮轴式发动机一般都采用此种传动装置。正时齿轮分别安装在曲轴和凸轮轴的前端，用螺栓或螺母固定，齿轮与轴靠键传动。为减小传动噪声，正时齿轮一般采用斜齿轮且用不同的材料制成，通常曲轴上的小齿轮用金属材料制造，而凸轮轴上的大齿轮用非金属材料制造。凸轮轴正时齿轮的齿数为曲轴正时齿轮的两倍从而使实现传动比达到2∶1。

有些侧置凸轮轴式发动机也采用正时齿轮传动装置，但由于凸轮轴离曲轴较远，中间通常加入惰轮传动。装配时，两个正时齿轮与中间惰轮之间的两个正时标记必须对正。

齿轮传动尽管有很多优点，但传动噪声较大，这也限制了它的应用前景。目前，在轿车发动机上几乎都不采用齿轮传动。正时齿轮传动常见故障是磨损或裂损。在维修时，应检查齿轮有无裂损，磨损情况可用塞尺或百分表测量其齿隙。正时齿轮若有裂损或齿隙超过0.30～0.35mm，应成对更换正时齿轮。通常情况下，正时齿轮不会发生严重磨损，也不易损坏。

（二）链条传动装置

正时链条传动装置应用在部分侧置凸轮轴式或顶置凸轮轴式发动机上。丰田M系列发动机（凸轮轴顶置）正时链条传动装置，主要由正时链条、正时链轮、链条张紧装置等组成。凸轮轴正时链轮的齿数为曲轴正时链轮的两倍，以实现传动比为2∶1。为防止链条抖动，链条传动装置设有导链板和张紧装置。导链板采用橡胶导向面为链条导向，一般应与链条一起更换。张紧装置使链条保持一定的紧度，可分为机械式和液压式两种，应用较多是液压式链条张紧装置，当发动机工作时，利用润滑油压力推动液压缸活塞，使张紧链轮压紧链条。

采用链条传动的发动机，正时标记多种多样，装配时应特别注意。常用的正时方法有：对正两链轮上的标记，在两链轮标记之间保持一定的链节数，对正链条与链轮上的标记，一缸活塞处于压缩上止点时对正凸轮轴链轮与缸盖或缸体上的标记等4种。如丰田M系列发动机正时链条传动装置，装配时应对正下列标记：曲轴链轮与机油泵链轮标记、正时链条与3个链轮标记、凸轮轴定位销与摇臂轴支架标记（偏3°）。链条上的标记为浅色链节。

正时链条传动装置常见故障是链轮磨损或链条由于长期拉伸而变长，严重时会引起噪声和改变气门开启和关闭时刻，因此，在发动机维修时，应检查链轮的磨损和链条伸长情况。

为便于检查链轮磨损情况，可将新正时链条扣于链轮上，并环绕其一周拉紧，用游标卡尺测量直径，若小于极限直径，应更换新件。正时传动链条伸长情况的检查，可测量链条的全长或规定链节数的长度。测量链条长度时，为使测量准确，应施加50N的拉力，将链条拉直后再用游标卡尺测量，否则应更换链条。

齿形带传动装置 齿形带传动具有工作可靠、噪声小、质量轻、不需润滑等优点，尤其在顶置凸轮轴式发动机上应用广泛。正时齿形带传动与链条传动一样，正时标记有多种形式，装配时必须按维修手册中的规定对正正时标记。装配时，应对正下列标记：凸轮轴齿形带轮与气缸盖和齿形带标记，曲轴齿形带轮与平衡轴齿轮罩和齿形带标记。正时齿形带安装、调整或维护不当时，会造成齿形带磨损和损伤。安装时，正时齿形带牙齿必须与带轮相吻合。更换新的正时齿形带时，必须与旧带进行比较，确保二者的宽度、齿形和牙齿间隔完全相同。正时齿形带不能过度弯曲，如扭转90°以上或盘起存放等，也不能沾水或油，否则很容易造成齿形带的损坏。多数发动机的正时齿形带安装后，利用弹簧和张紧轮将齿形带压紧，安装后完全放松张紧轮即可使齿形带张紧。有些发动机的正时齿形带是需调整的，必须按原厂规定调整齿形带松紧度。

三、挺杆的构造与维修

挺杆可分为普通挺杆和液力挺杆两种，其功用一般都是与凸轮轴直接接触，将凸轮的推力传给推杆或气门，在有些发动机上它只是摇臂的一个支点，也有些发动机上没有挺杆。

（一）普通挺杆的构造与维修

普通挺杆一般应用在下置或中置凸轮轴式发动机配气机构中，大多数发动机上装用的普通挺杆都是筒式结构。在发动机工作时挺杆底部与凸轮接触，为使挺杆底部磨损均匀，挺杆底部的工作面制成球面。挺杆的下端设有油孔，以便将漏入挺杆内的润滑油排出到凸轮上进行润滑。筒式挺杆内孔的底部也制成球面，它与推杆下端的球面接触，以减轻磨损。在装用普通挺杆或无挺杆的配气机构中，为防止零件受

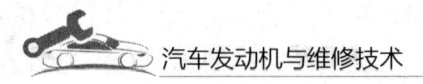

热膨胀后导致气门关闭不严，都必须预留一定的气门间隙。

挺杆放置在导向孔内，有些发动机的挺杆导向孔直接在气缸体或气缸盖上加工，有些发动机则采用可拆式挺杆导向体。CA6102汽油机装用的挺杆导向体，导向体分前后两个，挺杆放置在导向体上的挺杆导向孔内，导向体用螺栓安装在气缸体上，为保证导向体的安装位置，在导向体与气缸体之间设有定位套。普通挺杆的常见故障是工作面损伤或磨损。挺杆外表圆柱工作面和底部工作面有轻微的伤痕或麻点，可用油石修整，若发现挺杆有裂纹、工作面严重刮伤或偏磨，应更换。测量挺杆外径和导向孔内径，并计算其配合间隙，若超过允许极限，应更换挺杆。

（二）液力挺杆的构造与维修

液力挺杆能自动保持"气门间隙为零"的工作状态，可减轻配气机构的噪声和磨损，而且不需调整气门间隙，在轿车发动机上应用非常广泛。

凸轮轴下置或侧置的发动机液力挺杆组成。挺杆体内装有柱塞，柱塞上端压装有推杆支座，支座将柱塞内腔上端封闭；柱塞弹簧将柱塞向上顶起，通过卡环来限制柱塞最上端的位置；柱塞下端的单向阀架内装有单向阀，碟形弹簧使单向阀封闭柱塞内腔下端。

发动机工作时，润滑油经油道供给液力挺杆，通过挺杆体和柱塞侧面的油孔使挺杆柱塞内腔经常充满油液。液力挺杆安放在导向孔内，下端直接与凸轮接触，推杆下端支撑在挺杆上的推杆支座上。当气门处于关闭状态时，柱塞弹簧使柱塞连同推杆支座与推杆压紧，消除配气机构的间隙，但

第三章　配气机构与维修

由于气门弹簧的弹力较大，所以气门不会被顶开；同时柱塞内腔的油液顶开单向阀，使柱塞下面的挺杆体内腔也充满油液。当凸轮顶起挺杆体时，气门弹簧的弹力通过推杆反作用在柱塞上，由于单向阀的作用使油液不能从挺杆体内腔流回柱塞内腔，所以挺杆体内腔油压升高，而液体的不可压缩性使挺杆将凸轮的推力传递给推杆，并通过摇臂使气门开启。在气门开启过程中，挺杆体内腔的油液会有少量从柱塞与挺杆体之间的间隙中泄漏，但不会影响配气机构的正常工作。而且在气门关闭后，挺杆体内腔油液会立即得到补充，使配气机构保持无间隙。当配气机构零件受热膨胀时，挺杆体内腔的部分油液从间隙中挤出，挺杆体内腔容积减小，挺杆自动"缩短"。

反之，当配气机构零件冷缩时，柱塞弹簧使柱塞顶起，挺杆体内腔容积增大，气门关闭后，增加向挺杆体内腔的补油量，液力挺杆自动"伸长"。因此，液力挺杆能自动补偿配气机构零件的热胀冷缩，始终保持无间隙传动。在顶置凸轮轴式配气机构中，作为摇臂支点的液力挺杆，其组成和工作原理与上述液力挺杆基本相同，区别主要是：挺杆不受凸轮直接驱动，压装在柱塞上端的支座为摇臂支座。目前，在顶置凸轮轴配气机构中，应用较多的是装在凸轮与气门杆尾端之间的液力挺杆。挺杆体为上盖与挺杆身焊接而成，柱塞与挺杆体上盖为一体；柱塞内腔通过键形槽与低压油腔连通，柱塞与油缸间隙配合并构成高压油腔，柱塞底部加工有为高压油腔补充油液的油孔，此油孔靠球阀在补偿弹簧作用下关闭；油缸外圆柱面与挺杆体内的导向孔间隙配合。

其工作原理与前述液力挺杆基本相似，发动机工作时，各油腔内充满油液，凸轮顶动挺杆时，利用高压油腔内的油液将力传给油缸，从而使气门开启；零件受热膨胀时，高压油腔内的油液被从柱塞与油缸的配合间隙中挤出，挺杆自动"缩短"；气门关闭后或零件冷缩时，利用补偿弹簧使油缸和挺杆体分别与气门和凸轮紧密接触，保持配气机构无间隙；高压油腔内油液不足时，气门关闭后低压油腔内的油液会顶开球阀，及时向高压油腔补充油液。

液力挺杆的常见故障是外表工作面磨损或损伤、挺杆内部配合表面磨损导致密封不良等。维修时，除按普通挺杆的检查项目和方法对挺杆体外表工作面的损伤情况、挺杆体与导向孔的配合间隙进行检查外，还需对液力挺杆进行密封性检查。液力挺杆柱塞与挺杆体（或油缸）磨损、单向阀关闭不严，均会导致挺杆内部密封不良，当凸轮顶起挺杆时，会因高压油腔内的油液泄漏而使液力挺杆"缩短"，从而使气门升程下降和挺杆产生异响。液力挺杆密封性可在一定载荷作用下，通过测量液力挺杆"缩短"一定尺寸所用时间来检验，所用时间越长，说明液力挺杆密封性越好。

四、推杆的构造与维修

在下置和侧置凸轮轴式配气机构中一般都设有推杆，推杆位于挺杆与摇臂之间，其功用是将挺杆的推力传给摇臂。推杆为细长的杆件，杆身有空心和实心两种，推杆两端有不同形状的端头，以便与挺杆和摇臂上的支座相适应。推杆端头均经过磨光处理，以减轻磨损。

推杆的常见故障是端头磨损或杆身弯曲。检查推杆两端头，若磨损严重或有损伤，应更换推杆。推杆可在平板上来回滚动并用塞尺测量其弯曲变形量，也可用百分表检查推杆的弯曲变形量，推杆弯曲超过允许极限时，应校直或更换推杆。

五、摇臂总成的构造与维修

（一）摇臂总成的构造

摇臂总成的功用是将气门传动组的推力改变方向并驱动气门开启。摇臂是一个两臂不等长的双臂杠杆，采用摇臂驱动气门开启的配气机构，虽机构比较复杂，但可通过选择摇臂两端的长度，在气门升程一定时减小凸轮升程，同时气门间隙的调整也比较方便。常见的摇臂总成，主要由摇臂轴、摇臂轴支座、摇臂及定位弹簧等组成。摇臂总成所有零件均安装在摇臂轴上，并通过摇臂轴支座用螺栓安装在气缸盖上，为防止摇臂轴在其支座孔内转动或轴向窜动，用紧固螺钉将摇臂轴固定。摇臂通过镶在其中间轴孔内的衬套套装在摇臂轴上。为保证各摇臂的轴向位置，用装在摇臂侧面的定位弹簧使其定位。摇臂轴为空心结构，两端用堵塞封闭，润滑油经与气缸盖上的油道相通的中间摇臂轴支座油道进入摇臂轴内，摇臂轴和摇臂上都加工有相应的油孔，使摇臂轴与摇臂之间及摇臂两端都能得到可靠的润滑。

在不同的配气机构中装用的摇臂也有不同的结构形式。在下置或侧置凸轮轴式配气机构中，常用的摇臂中间加工有摇臂轴孔，安装在摇臂轴上，长臂一端加工成与气门杆尾部接触的圆弧工作面，短臂一端则加工有螺纹孔，用以安装气门间隙调整螺钉，调整螺钉的下端加工成与推杆端头相应的球面。在一些顶置凸轮轴式配气机构中，凸轮直接驱动摇臂，摇臂与气门杆尾部接触的一端安装气门间隙调整螺钉，而与凸轮接触的一端加工成圆弧工作面。也有些发动机采用无摇臂轴的浮动式摇臂。

（二）摇臂轴总成的维修

分解摇臂总成时，应注意各摇臂的序号、摇臂轴的安装方向及位置，以免安装时位置装错。对摇臂总成零件进行清洗时，应注意将摇臂轴内部清理干净，并保证各油孔通畅。摇臂总成分解后，主要进行以下检查：

1．检查摇臂球面接触部位的磨损情况，若有轻微的磨损沟痕，可用油石或磨光机进行修磨，磨损严重时应更换摇臂。

2．安装有气门间隙调整螺钉的摇臂，检查调整螺钉、锁紧螺母和摇臂上的螺孔是否完好，若有损坏应更换。

3．带滚动轴承的浮动式摇臂，检查其轴承，若磨损严重或损坏，应更换摇臂。

4．安装在摇臂轴上的摇臂，测量摇臂衬套孔径和摇臂轴外径，检查其配合间隙，若间隙超过允许极限，应更换零件或总成。

5．检查摇臂轴的弯曲变形，若超过允许极限，应校正或更换摇臂轴。

第四节 可变配气相位控制机构的构造与维修

一、配气相位

在本书第一章发动机基本工作原理中,为讲述方便,将进、排气过程均看作是在一个活塞行程(即180°曲轴转角)内完成的,进、排气门的开启或关闭则是在活塞运行的上、下止点瞬间完成。但实际发动机的工作中,为使进气充分、排气干净,进、排气门均存在早开晚关的情况,进、排气门的开启持续时间也大于180°曲轴转角。

发动机进、排气门实际开启或关闭的时刻和开启持续时间,称为配气相位。通常用曲轴转角来表示配气相位。配气相位包括进、排气门的提前开启角、迟后关闭角、持续开启角、叠开角。

(一)进气门的配气相位

实际发动机工作过程中,进气门是在活塞运行到排气行程上止点之前开始打开的,而在活塞运行到进气行程下止点之后才关闭。从进气门开始开启到活塞运行到上止点,曲轴转过的角度称为进气门提前开启角。由于进气门提前开启和迟后关闭。

(二)排气门的配气相位

实际发动机工作过程中,排气门是在活塞运行到作功行程下止点之前开始打开的,而在活塞运行到排气行程上止点

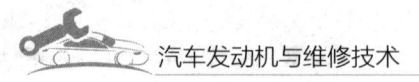

之后才关闭。从排气门开始开启到活塞运行到下止点，曲轴转过的角度称为排气门提前开启角。

二、可变配气相位控制机构的构造

（一）对配气相位的要求

配气相位对发动机性能有很大影响，即使同一台发动机，随转速的不同，对配气相位的要求也不同，转速提高时，要求气门提前开启角和迟后关闭角增大，反之则要求减小。目前，汽车发动机一般都是根据性能的要求，通过试验来确定某一常用转速下较合适的配气相位，在装配时，对正凸轮轴驱动装置中的正时标记，即可保证已确定的配气相位，且在发动机使用中，已确定的配气相位是不能改变的。因此，发动机性能只有在某一常用转速下最好，而在其它转速下工作时，发动机的性能较差。为解决上述问题，在有些汽车发动机上采用了可变配气相位控制机构。过去，在汽车发动机上曾采用过各种可变配气相位控制机构，但大都是根据发动机转速的变化，将凸轮轴转过一定的角度，使配气相位提前或推后，这种控制机构只能改变配气相位的一项内容，即：凸轮轴若沿工作方向转过一定角度使配气相位提前，则气门提前开启角增大，而迟后关闭角减小；反之，则气门提前开启角减小，迟后关闭角增大。这种可变配气相位控制机构，对提高发动机性能并不理想，所以没有得到广泛应用。

（二）VTEC配气机构的结构

广州本田雅阁轿车发动机配气机构的特点是：直列四缸发动机，每缸有两进两排4个气门，进、排气门分别排成两

列，采用单顶置凸轮轴、双摇臂轴的布置形式。

VTEC配气机构与普通配气机构相比，在结构上的主要区别是：凸轮轴上的凸轮较多，且升程不等，进气摇臂总成的结构复杂。此外，在发动机工作时，排气门的工作情况与普通配气机构相同，而同一缸的两个进气门受VTEC机构分别控制，发动机控制电脑根据发动机转速、负荷等变化来控制VTEC机构工作，实现单进气门工作或双进气门工作，改变进气门的配气相位及升程。进气门的配气相位和升程是通过切换驱动凸轮来实现的。

同一缸的两个进气门有主、次之分，即主进气门和次进气门。每个进气门通过单独的摇臂驱动，驱动主进气门的摇臂称为主摇臂，驱动次进气门的摇臂称为次摇臂，在主、次摇臂之间装有一个中间摇臂，中间摇臂不与任何气门直接接触，3个摇臂并列在一起组成进气摇臂总成。在3个摇臂靠近气门的一端均设有油缸孔，油缸孔中装有靠液压控制的正时活塞、同步活塞、阻挡活塞及弹簧。凸轮轴上相应有3个不同升程的凸轮分别驱动主摇臂、中间摇臂和次摇臂，凸轮轴上的凸轮也相应分为主凸轮、中间凸轮和次凸轮，中间凸轮的升程最大，次凸轮的升程最小，主凸轮的形状是按发动机低速工作时单气门工作要求设计的。

三、可变配气相位

控制机构的维修与普通配气机构相同的零部件检查与修理，在此不再重复。

（一）VTEC控制系统故障诊断

当仪表板上的故障指示灯点亮，按规定方法读取故障码

（见本书"电控燃油喷射系统"一章相关内容）时，若有故障码21（本田车系），说明VTEC电磁阀或其电路有故障，可按下述步骤进行检查：

1. 清除故障码，并重新起动发动机，必要时进行路试，再次读取故障码，若不再有故障码21，则说明VTEC机构存在间歇性故障，应检查VTEC电磁阀连接线路是否有接触不良现象。

2. 关闭点火开关，拆开VTEC电磁阀导线插头，测量1号端子与车体搭铁间电阻，标准电阻应为14～30Ω，若不符合，应更换电磁阀。

3. 若电磁阀电阻符合标准，则检查导线侧VTEC电磁阀插头1号端子与电脑插头12号端子之间的导通情况。若不导通，说明电脑与电磁阀连接线路断路。

（二）进气摇臂的检查

1. 转动曲轴使一缸处于压缩上止点，凸轮轴正时齿形带轮上的正时标记与气缸盖上平面平齐，UP标记朝上。用手按压第一缸中间摇臂，应能与主摇臂和次摇臂分离单独运动。然后依次按点火顺序和作功间隔角对各缸进气摇臂进行检查，均应符合要求。若中间摇臂不能与其它摇臂分离，应分解检查进气摇臂总成，必要时成组更换3个进气摇臂。

2. 用专用堵塞堵住油道减压孔，拆下检查孔处的密封螺栓，在密封螺栓孔处连接专用进气摇臂检查接头，接头另一端连接压缩空气源。然后拧松专用接头上的阀门，通入压力为400kpa的压缩空气。

加上稳定的压缩空气压力后，用手推动正时片端部，

第三章　配气机构与维修

使其向上移动2～3mm。此时从3个摇臂的缝隙中观察同步活塞的结合情况，当气缸内活塞处于压缩上止点位置，3个摇臂并列平行时，同步活塞应将3个摇臂连接为一体，用手按压中间摇臂应不能单独运动。当停止施加压缩空气压力后，再推动正时片，使其向上移动，摇臂内的同步活塞应迅速回位。按上述方法和发动机的工作顺序，分别对处于压缩上止点位置的气缸进气摇臂进行检查，均应符合要求，否则应分解检查摇臂总成，必要时成组更换进气摇臂。

3. 进气摇臂总成分解后，主要检查正时活塞和同步活塞在摇臂的油缸孔内是否运动自如，若有卡滞现象，应成组更换进气摇臂总成。

第五节　气门间隙的检查与调整

一、气门间隙的功用

气门间隙的功用是补偿气门受热后的膨胀量。发动机冷态装配时，在不装用液力挺杆的配气机构中，气门组与气门传动组之间必须留有一定的间隙，这一间隙称气门间隙。在凸轮轴通过摇臂间接驱动气门开启的配气机构中，气门间隙是指摇臂与气门杆尾部之间的间隙。在凸轮轴直接驱动气门开启的配气机构中，气门间隙是指凸轮与挺杆之间的间隙。在装有液力挺杆的配气机构中，由于液力挺杆能自动"伸长"或"缩短"，以补偿气门的热胀冷缩，所以不需留气门间隙。在发动机的使用过程中，气门间隙的大小会发生变化。如果气门间隙过小或没有气门间隙，就会导致发动机工作时气门关闭不严而漏气;若气门间隙过大,不仅会造成配气机构产生异响,而且气门开启升程和开启持续角度也会减小,影响发动机的进、排气过程。因此,在发动机维修中,经常需要检查和调整气门间隙。

二、气门间隙的检查与调整

(一)基本原则

气门间隙的检查与调整必须在气门完全关闭状态下进行。在检查调整气门间隙之前,必须分析判断各气缸所处的工作行程,以确定可调气门,如:处于压缩上止点的气缸,进、排气门均可调;处于排气行程上止点的气缸,进、排气门均不可调;处于进气和压缩行程的气缸,排气门可调;处于作功和排气行程的气缸,进气门可调。气门间隙必须在规定的冷机或热机状态下调整到标准值。各车型气门间隙有不同的标准。

(二)确定可调气门的方法

1. 确定一缸压缩上止点位置。多数发动机都有点火正时标记,只要转动曲轴对正标记,即说明一缸处于上止点位置;是否是压缩上止点,还需用辅助方法判断,如:观察分电器分火头位置、一缸(或其它缸)的进(排)气门状态、顶置凸轮轴发动机一缸进(排)气凸轮位置等。

以CA6102直列六缸发动机为例,一缸处于压缩上止点时观察:分电器的分火头对正一缸高压线方向;一缸进、排气门应处于关闭状态,用手上、下扳动两气门摇臂,均有间隙感;六缸进、排气门均应有微量开启,用手上、下扳动两气门摇臂,均无间隙。顶置凸轮轴无摇臂式配气机构,一缸

第三章 配气机构与维修

处于压缩上止点时，一缸进、排气凸轮均应处于基圆与挺杆接触的状态。

2．逐缸确定可调气门。利用逐缸法检查调整气门间隙时，先转动曲轴，找到一缸压缩上止点位置，则可检查调整一缸进、排气门的间隙，然后使曲轴转过角度为作功间隔角的角度，按点火顺序下一缸的进、排气门可调，依次类推，逐缸进行。

3．"双排不进"快速确定可调气门。根据发动机的工作循环、点火顺序和配气相位，在一缸处于压缩上止点时，除一缸的进、排气门可调外，其它缸的部分气门也可调，利用此方法中间只需转动一次曲轴，即可分两次对全部气门进行检查调整。

以CA6102发动机为例，说明如下：当一缸处于压缩上止点时，一缸进、排气门均可调；五缸处于压缩行程初始阶段，三缸处于进气行程，两缸的排气门均处于关闭状态，"排"气门为可调气门；六缸处于排气上止点位置，进、排气门均开启，均为不可调气门；二缸处于排气行程，四缸处于作功行程后期，两缸进气门均处于关闭状态，进气门为可调气门。然后将曲轴旋转一圈，则六缸处于压缩上止点位置，此时六缸的进、排气双气门可调；二缸处于压缩行程初始阶段，四缸处于进气行程，两缸的排气门为可调气门；一缸处于排气上止点位置，进、排气门均为不可调气门；五缸处于排气行程，三缸处于作功行程后期，两缸进气门为可调气门。

按双排不进确定可调气门的规律，多缸发动机均可分两次对全部气门间隙进行检查调整。

（三）气门间隙的检查与调整

检查气门间隙时，可选用与规定气门间隙相等的塞尺，插入可调气门的气门间隙中。用手轻拉塞尺，应能感到有适当的阻力为宜。若无阻力或阻力太大，应进行调整。

多数发动机的气门间隙都是用装在摇臂上的调整螺钉来调整，调整时松开锁紧螺母，转动调节螺钉，直到间隙符合规定后再将锁紧螺母拧紧即可。有些无摇臂总成的发动机，可通过改变挺杆内的垫片厚度来调整气门间隙。气门间隙调整后应进行验证性检查，以保证调整无误。

第四章
汽油机化油器式燃料供给系与维修

第一节 汽油机化油器式燃料供给系的功用及组成

汽油机的燃料供给系统可分为化油器式和电控燃油喷射式两种。化油器使用的历史久远，由于其结构简单、价格便宜，时至今日，仍有很多的汽油发动机采用化油器式燃料供给系统。但化油器供油方式对温度和环境变化比较敏感，不能满足日益严格的排放法规要求，化油器已失去了其往日的主流地位，电控燃油喷射系统的应用日趋广泛。

一、汽油机燃料供给系统的功用

汽油机使用的燃料是汽油，汽油要进入气缸燃烧，首先要经过雾化和蒸发，并与空气混合，燃油与空气的混合物称为混合气，混合气中含油量的多少称为混合气浓度。汽油机燃料供给系统的功用是：根据发动机各种不同工作情况的要求，配制出一定数量和浓度的混合气，供往气缸，并在压缩上止点附近靠火花塞点燃完成作功后，将气缸内的废气排出。

二、化油器式燃料供给系统的组成

各种化油器式汽油机燃料供给系统的组成基本相同。

（一）汽油供给装置

主要包括汽油箱、汽油滤清器、汽油泵和油管。其功用是完成汽油的贮存、输送和滤清工作。

（二）空气供给装置

主要是空气滤清器。其功用是给供给系统提供清洁的空气。

（三）混合气形成装置

主要是化油器。其功用是配制发动机工作中所需的混合气。

（四）混合气供给和废气排出装置

主要包括进、排气管和排气消声器。其功用是将混合气供往气缸，将气缸内的废气排出，消声器可降低排气噪声。发动机工作时，汽油泵将汽油从油箱中吸出，在进入汽油泵之前经过汽油滤清器滤除汽油中的杂质和水分，再泵送至化油器。气缸进气时产生的真空度，使空气经空气滤清器滤除杂质后通过化油器和进气管流向气缸。在气流流经化油器时，也有一定的真空度，所以将化油器中的汽油吸出并吹散（雾化），雾化的汽油随空气一起经进气管供往气缸。混合气燃烧前，汽油在进气管和气缸中进一步蒸发与空气混合。进入气缸内的混合气燃烧后变为废气，并在完成作功后，经排气管和排气消声器排入大气。

第四章 汽油机化油器式燃料供给系与维修

第二节 混合气与简单化油器

一、混合气的浓度

（一）过量空气系数

混合气的浓度通常用过量空气系数α来表示。过量空气系数α是指在燃烧过程中，实际供给的空气质量与理论上燃料完全燃烧时所需的空气质量之比，即

α＝实际供给的空气质量/理论上完全燃烧所需的空气质量

由上面的定义式可知：无论使用何种燃料，α＝1的混合气即为理论混合气（又称为标准混合气），α＜1时的混合气为浓混合气，α＞1的混合气则为稀混合气。

（二）混合气浓度对发动机性能的影响

混合气的浓度对发动机的动力性和经济性有很大影响。发动机工作时，采用α＝1的理论混合气，只是在理论上可保证完全燃烧，实际上，由于时间和空间条件的限制，汽油不可能及时与空气绝对均匀混合，也就不可能实现完全燃烧。采用α＝1.05~1.15的稀混合气时，可以保证所有的汽油分子获得足够的空气而实现完全燃烧，因而发动机经济性最好，故称之为经济混合气。采用α＝0.85~0.95的浓混合气时，可使发动机发出较大的功率，故称之为功率混合气，但采用功率混合气时不能完全燃烧，发动机经济性较差。

混合气过稀（α＞1.15）或混合气过浓（α＜0.88）

时，因混合气中燃油量过少或过多，均会使燃烧速度减慢，导致发动机动力性和经济性下降。当混合气稀到 α＝1.3～1.4或浓到 α＝0.4～0.5时，将无法点燃，发动机也无法工作。

二、简单化油器

液体燃料必须蒸发成气态后才能与空气均匀混合。发动机工作中，混合气形成的时间极短，必须先将燃料雾化成极小的油滴，增加其蒸发面积，以帮助混合气的形成。采用化油器式燃料供给系统的汽油机，混合气的形成是从化油器开始的。

（一）简单化油器的构造

简单化油器由浮子机构、喷管、量孔、喉管、节气门、空气室和混合室等组成。

1. 浮子机构。浮子机构由浮子、针阀和浮子室组成。浮子室的功用是贮存来自汽油泵的汽油。浮子中装有浮子和针阀，针阀支靠在浮子上，二者可一同随油面起落。当浮子室油面达到规定高度时，针阀关闭浮子室进油口，汽油不能流入。当油面降低时，随浮子下落，针阀重新开启，汽油又流入浮子室，直到针阀上升关闭时为止，这样可保持油面的规定高度。浮子室上部有与外部相通的通气孔，使油面的压力与大气压力相等。

2. 喷管和量孔。喷管的出油口在喉管的咽喉附近。喷管口高出浮子室液面2～5mm，燃油不会自动流出。喷管另一端与浮子室相通。浮子室内装有尺寸精确的量孔，用来准确限制汽油的流量。通过量孔的汽油流量取决于量孔的直径

第四章 汽油机化油器式燃料供给系与维修

和量孔前后压力差（液面高度差和气压差）。

3．喉管。进气管中截面积最小处称喉管，喷管即插入喉管内。喉管的功用是增加空气的流速，形成真空吸力，将汽油从喷管内吸出，并利用空气流速将吸出的汽油吹散雾化。

4．空气室和混合室。化油器内喉管以上为空气室，喉管以下至节气门为混合室。混合室是汽油初步雾化并与空气混合的场所。

5．节气门。节气门是一个片状阀门，可绕节气门轴转动一定角度。节气门通过杆件或拉线与驾驶室内的加速踏板（俗称油门踏板）相连，驾驶员通过加速踏板控制节气门的开度，从而控制发动机的进气量，以改变发动机输出的动力。

（二）简单化油器的工作原理

当发动机工作时，进气行程中活塞由上止点向下止点运行，随着气缸容积增大，产生一定的真空度。由于进气门开启，气缸中的真空度将空气经空气滤清器吸入化油器。同时在浮子室内与喷管口处压力差作用下，浮子室中的汽油经量孔从喷管喷出，并随即被高速空气流冲散，成为大小不等的雾状颗粒（雾化）。雾化的汽油在混合室中开始与空气混合，并经进气管和进气门进入气缸。从汽油与空气接触直到燃烧前，汽油不停地进行着吸热、蒸发并与空气混合。为了加速汽油的蒸发，汽油机常将进气管与排气管装在一起，利用排气管的热量对进气管加热。有的汽油机则安装进气管加热套，利用废气或冷却系统中的热水加热。

（三）简单化油器的供油特性

在发动机转速不变时，简单化油器所供给的混合气浓度是随节气门开度变化的。在节气门开度很小时，喉管处的真空度很低，不足以将汽油吸出。随着节气门开度增大，当喉管处的真空度增加到一定值后，才开始有汽油从喷管流出。随着节气门开度增大，喉管处的真空度增加，供油量增多。随着节气门开度的增大，吸入的空气量也增加，但吸入空气量的增长率低于汽油供给量的增长率，所以简单化油器供给的混合气随节气门开度的增大而变浓。

三、发动机工况对混合气浓度的要求

发动机的工况是其工作情况的简称，通常用发动机的转速和负荷来表示。发动机的负荷是指发动机的外部载荷，发动机输出的动力随外部载荷而变化，同时发动机输出的动力又取决于节气门的开度，所以发动机负荷的大小可用节气门的开度来代表。负荷的大小一般用百分数来表示，如节气门全关，负荷为0；节气门全开，负荷为100%。汽车发动机工况经常变化，而且变化范围大，负荷可以从0变化到100%，转速可以从最低稳定转速变到最高转速。各种工况对混合气浓度的要求是不相同的。

（一）稳定工况对混合气浓度的要求

稳定工况是指发动机已经预热，转入正常运转，并且在一定时间内工况没有突然变化。可分为怠速、小负荷、中等负荷、大负荷和全负荷。

1. 怠速工况。怠速一般是指发动机不对外输出动力，

第四章 汽油机化油器式燃料供给系与维修

作功行程产生的动力只用来克服发动机的内部阻力,维持发动机最低稳定转速运转。汽油机怠速转速一般为700~900r/min。在怠速工况下,节气门开度最小,进入气缸内的混合气很少,气缸内残余废气对混合气稀释严重;而且转速低,空气流速小,汽油雾化和蒸发不良,混合气形成不均匀。因此,要求供给少量 $\alpha = 0.6 \sim 0.8$ 的浓混合气。

2．小负荷工况。发动机负荷在25%以下时称为小负荷。由于小负荷时节气门略开,混合气的数量和品质比怠速时有所提高,废气对混合气的稀释作用也有所减弱,因而混合气浓度可以略为减小,一般 $\alpha = 0.7 \sim 0.9$。

3．中等负荷工况。发动机负荷在25%~85%之间称为中等负荷。由于节气门开度较大,进入气缸的混合气数量增多,燃烧条件较好。此外,汽车发动机大部分的时间处在中等负荷下工作,为提高其经济性,应供给较稀的混合气,一般 $\alpha = 0.9 \sim 1.1$。

4．大负荷和全负荷工况。发动机负荷在85%以上时称为大负荷,负荷为100%时称为全负荷。此时,为了克服较大的外部阻力,要求发动机发出尽可能大的功率。因此,应供给质浓量多的混合气($\alpha = 0.85 \sim 0.95$)。

(二)过渡工况对混合气浓度的要求

汽车在运行中常遇到的过渡工况有:冷起动、暖机和加速3种。

1．冷起动。起动是指发动机由静止到正常运转的过程,当熄火时间较长、发动机温度已下降至环境温度时的起动称为冷起动。起动时发动机转速低,化油器中气流速度很慢，不利于汽油的雾化，尤其冷起动时，发动机温度也低，汽油蒸发困难，只有供给极浓的混合气（$\alpha = 0.2 \sim 0.6$），才能保证进入气缸内的混合气中有足够的汽油蒸气，以利于发动机起动。

2．暖机。暖机一般是指发动机冷起动后，发动机的温度逐渐升高到正常工作温度的过程。在暖机过程中，混合气的浓度应随温度升高而减小，从起动时的极浓减小到稳定怠速运转所要求的浓度。

3．加速。加速是指发动机负荷增加的过程。急加速时，节气门迅速开大，要求发动机的动力迅速提高，然而在急剧开大节气门的瞬间，由于液体汽油的惯性比空气惯性大，汽油流量的增加比空气流量的增加要慢得多，导致混合气暂时过稀，反而使发动机的动力下降甚至熄火。因此，在急加速时，必须采用专门的装置额外供油，加浓混合气，以满足发动机急加速的要求。

综上所述，车用汽油机在正常运转时，在小负荷和中等负荷工况下，要求化油器能随着负荷的增加，供给由较浓逐渐变稀的混合气。当进入大负荷工况直到全负荷工况下，又要求混合气由稀变浓，最后加浓到保证发动机发出最大动力。简单化油器不能满足发动机实际工作时对混合气浓度的要求。为此，现代化油器在简单化油器的基础上，加装了一系列自动调配混合气浓度的装置，如主供油装置、怠速装置、加浓装置、加速装置和起动装置；此外，还有一些特殊功能的附属装置，以保证车用汽油机在各种工况下都能供给适当浓度的混合气，满足发动机工作的需要。

第四章　汽油机化油器式燃料供给系与维修

第三节　现代化油器的构造与维修

一、现代化油器的基本结构

（一）主供油装置

主供油装置的功用是保证发动机在中小负荷范围内工作时，供给随节气门开度增大而逐渐变稀的混合气。在汽车发动机的全部工作范围内，除了怠速工况外，通过主供油装置空度的方法，来满足随节气门开度增大使混合气逐渐变稀的要求。

在发动机不工作时，主喷管和通气管中的油面与浮子室中的油面是等高的。当发动机开始工作时，随着节气门开度增大到足以使汽油从主喷管中喷出时，由于主喷管内径大于主量孔，通气管中的液面迅速下降，同时空气通过空气量孔进入通气管。随后将发生两种变化：

1. 当通气管中油面降到主喷管入口处时，空气渗入油流中并一起经主喷管喷入喉管，即从主喷管喷出的是泡沫油。

2. 由于空气流经空气量孔时，空气量孔具有节流作用，使得主量孔后的压力小于大气压力，大于喉管处压力。由此可见，在喷管上增加通气管和空气量孔，可使少量的空气渗入到主喷管内的油流中，并降低主量孔内外的压力差，从而降低汽油的流速和流量，使得混合气随节气门开度的增大而逐渐变稀。只要选择尺寸合适的主量孔和空气量孔，就能使主供油装置在中、小负荷范围内，供给所要求的 $\alpha = 0.8 \sim 1.1$ 的混合气。此外，空气渗入汽油中，使汽油"泡沫化"，泡沫状的汽油更易于被空气吹散、雾化和蒸发。

（二）怠速装置

怠速装置的功用是保证发动机在怠速和极小负荷工况时供给少而浓的混合气。发动机怠速运转时，由于节气门接近全闭，节气门前方喉管处真空度很低，以致根本不能将汽油从主喷管中吸出。为此，在简单化油器的基础上，增设怠速油道，以利用节气门下方的真空度将汽油吸出。怠速空气量孔可起到三方面的作用：第一，将一定量的空气渗入油道使汽油泡沫化，有利于汽油雾化；第二，降低怠速量孔前后的供油压差，有利于采用较大直径的怠速量孔，以防止怠速量孔堵塞；第三，发动机不工作时，可防止汽油自动由怠速喷口流出，产生虹吸现象。

现代化油器怠速装置中一般装有怠速调整螺钉和节气门最小开度限位螺钉，两个螺钉配合调整，可以改变发动机怠速工作时供给的混合气数量和浓度，从而调整发动机的怠速转速。

在怠速喷口上方不远处还设有一个怠速过渡喷口，它可使发动机从怠速工况圆滑地过渡到小负荷工况，而不至于因混合气突然过稀，甚至供油中断而导致发动机熄火。

怠速装置的工作过程可分为如下四个阶段：

1. 在低怠速时，节气门开度最小，节气门位于怠速喷口和过渡喷口之间，此时化油器喉管处真空度很小，而节气门下面真空度却很大。这时只有怠速喷口喷油，位于节气门

第四章 汽油机化油器式燃料供给系与维修

上方的怠速过渡喷口实际上成了第二个怠速空气孔，这不仅能限制怠速喷口的出油量，而且由此渗入的空气也可使汽油再次泡沫化。

2. 当节气门稍开大，供给的空气量增多时，过渡喷口也进入到节气门的下方，怠速喷口和过渡喷口同时喷油，使怠速出油量增加，混合气不至于瞬间变稀，以保证过渡平稳。

3. 当节气门开度进一步增加时，化油器喉管处真空度增大，主供油装置开始工作时，形成"三口喷油"的局面。此时，主喷管出油量较少，而且气流速度较低，汽油雾化较差，仅由其单独工作满足不了负荷加大的要求，两个供油装置短时间内的同时工作，可防止因空气量增加而导致过渡时混合气变稀。

4. 当节气门开度加大到发动机进入中小负荷工况时，怠速喷孔和过渡孔处的真空度已降低到不能将汽油吸出的程度，怠速装置停止工作，而由主供油装置单独工作。

（三）加浓装置

化油器加浓装置的功用是当发动机负荷增大到80%～85%以上时，额外地供给部分汽油，以保证发动机发出最大功率时所需的较浓混合气。由于主供油装置供给的混合气是随负荷的增大而变稀的，在大负荷范围直到全负荷时也是如此，因此不可能满足发动机动力性的需要。

1. 机械加浓装置。在浮子室内装有加浓量孔和加浓阀，加浓量孔与主量孔并联，加浓阀上方的推杆与拉杆固定连接为一体，拉杆又通过摇臂与节气门轴相连。发动机负荷增加时，节气门开启，带动摇臂转动，并使拉杆和推杆一同向下移动，当节气门开度达到80%~85%时，推杆压开加浓阀，于是汽油便从浮子室经加浓阀和加浓量孔流入主喷管，与从主量孔来的汽油汇合，一起从主喷管中喷出。这样便增加了汽油的供给量，使混合气变浓。当节气门开度减小时，拉杆和推杆上移，加浓阀在回位弹簧的作用下关闭。

  由上述结构原理可知，机械加浓装置起作用的时刻只与节气门开度有关，即与发动机负荷有关，而与发动机转速无关。如果化油器上只设机械加浓装置，在汽车行驶遇到外部阻力增加时，若加速踏板位置不足以使机械加浓装置起作用，混合气就不能及时得到加浓，就会影响发动机稳定运转。所以一般在化油器中同时还设有真空加浓装置。

  2．真空加浓装置。真空加浓装置通常采用活塞式结构，推杆与位于真空缸中的真空活塞相连，在推杆上装有预先压缩的弹簧。在真空缸内，活塞下方有空气通道与化油器喉管上方相通，活塞上方有真空通道通到节气门下面。

  当发动机在小负荷下工作时，节气门下面的真空度较大。真空活塞被吸到最上方位置，同时进一步压缩安装在推杆上的弹簧。此时，加浓阀关闭，真空加浓装置不供油。当发动机负荷（节气门开度）增加时，节气门下面的真空度减小，当真空度减小到不能克服弹簧的弹力和真空加浓活塞的自重时，弹簧伸张，使推杆、活塞落下并推开加浓阀，额外的汽油经加浓量孔流入主喷管中，从而加浓混合气。

  由上述结构原理可知，真空加浓装置起作用的时刻完全取决于节气门下面的真空度，而节气门下面的真空度不仅与

第四章 汽油机化油器式燃料供给系与维修

发动机的负荷有关，也与转速有关。

（四）加速装置

加速装置的功用是当汽车需要加速行驶或超车时，在节气门突然开大的瞬间将一定量的燃油一次性喷入喉管，使混合气临时加浓，以满足加速的需要。化油器加速装置多用活塞式机械加速泵。在浮子室内有加速泵，加速泵由活塞、活塞杆、弹簧、进油阀和出油阀等组成，活塞杆通过连接板与拉杆相连，拉杆由固装在节气门轴上的摇臂操纵。进油阀装在加速泵腔与浮子室之间，出油阀则装在泵腔与加速量孔之间的油道中。在不加速时，进油阀在自身重力作用下，不能保持密封，而出油阀则靠重力保持关闭。当节气门开度减小时，摇臂逆时针回转，并通过拉杆和连接板带动活塞杆和活塞向上移动，将进油阀吸开，使加速泵腔内充满汽油。当缓慢地加大节气门开度时，活塞也缓慢下降，加速泵腔内形成的油压不高，不能使进油阀关闭严密，于是汽油通过进油阀流回浮子室，加速装置不起作用。当节气门迅速开大时，由于活塞下移很快，加速泵腔内油压迅速增加，使进油阀完全关闭；同时顶开出油阀，将泵腔内的汽油从加速量孔喷入化油器喉管处，从而加浓混合气。这种加浓作用只是一时的，当节气门停止运动后，即使保持开度很大，加速泵也不再供油。

为了改善发动机的加速性能，保证在节气门停止运动后喷油能持续一段时间，为此在连接板和活塞之间装有弹簧。当拉杆和连接板急速下降时，通过弹簧将力传给活塞，由于有加速量孔的阻力，活塞下降速度比连接板慢，因而弹簧受压缩。当节气门停止运动时，拉杆与连接板随之不再移动，这时弹簧伸张，将活塞继续往下压，从而使加速装置喷油时间有所延长。

（五）起动装置

起动装置的功用是在发动机起动过程中，供给极浓的混合气。发动机起动时，虽然供给的混合气很浓，但由于发动机的温度和气流速度都较低，不利于汽油的雾化和蒸发，所以气缸内的混合气浓度不会超过燃烧极限。现代化油器上一般都采用阻风门式起动装置，阻风门安装在化油器喉管的上方。简单的阻风门式起动装置。阻风门轴是偏置的，可借助气流的作用比较容易地使阻风门打开，阻风门在非起动工况下保持常开状态。发动机冷起动前，驾驶员通过拉钮将阻风门关闭，起动机带动曲轴旋转时，在阻风门后面产生很高的真空度，使主供油装置和怠速装置同时供油，因通过阻风门边缘的空隙流入的空气量很少，故混合气极浓。发动机起动一旦着火后，转速瞬间变高，化油器喉管处的真空度也增大，当真空度达到一定值时就会吸开自动阀，增加空气供给量，以防止发动机因混合气过浓而熄火。有些化油器的阻风门上只是设一个通气孔，而不装自动阀。

发动机的起动包括两个过程：一是从静止状态进入连续运转的过程，又称完爆过程；二是自连续运转到各部位达到正常工作温度的过程，又称暖机过程。为提高发动机起动的成功率，减少起动过程中的排放污染等，对起动过程中的操作有如下要求：

1. 冷起动时应使阻风门全关，节气门微开，以便使阻

第四章 汽油机化油器式燃料供给系与维修

风门后面产生足够的真空度，使主供油装置和怠速装置同时供油，保证冷起动所需的极浓混合气。

2. 完爆后（即连续运转后），应使节气门不动，而阻风门微开。因发动机转速比完爆前提高很多，化油器喉管处的真空度增大，供油量增加；同时随转速提高，汽油雾化和蒸发条件变好，若不微开阻风门，就会导致进入气缸内的混合气过浓，甚至造成发动机熄火。

3. 在暖机过程中，应使阻风门逐渐开启，而节气门逐渐关闭。随着发动机各部工作温度的升高，使阻风门逐渐开启直到最后完全开启，以逐渐增加进气量，同时因化油器喉管处真空度下降而使供油量减少，使混合气逐渐变稀。将节气门逐渐关闭，使发动机从起动工况逐渐过渡到怠速工况。

4. 在发动机热起动时，一般只需将节气门微开，阻风门全开或半开即可。上述操作过程，靠驾驶员人工操作完成是很难达到理想要求的，所以在一些化油器上是利用机械联动机构来完成。带有机械联动机构的阻风门称半自动阻风门。有些化油器上的阻风门不需人工操纵，而是利用内外片金属膨胀系数不同的双金属扭簧自动控制阻风门开度，称之为自动阻风门。

二、现代化油器的类型

（一）按喉管处气流方向分

按喉管处气流方向不同，现代化油器可分为上吸式、下吸式和平吸式3种。其中下吸式应用最广泛，因为它具有弯道少、进气阻力小、维护调整方便等优点。平吸式进气阻力也比较小，多用于摩托车上。

（二）按喉管数量分

按喉管数量不同，现代化油器可分为单喉管和多喉管化油器两种，多喉管化油器一般为双喉管和三喉管式。采用单喉管化油器时，为保证汽油的雾化质量，必须减小喉管直径，但这样会增大进气阻力，所以现代化油器一般都采用多重喉管。多重喉管是将两个或三个直径不同的喉管按上小下大的顺序重叠组合而成，主喷管的喷口位于最小的喉管中。当气流通过时，最小喉管中的空气流速大，可以保证汽油雾化的需要。大喉管与小喉管之间的环形通道增加了进气通道的流通截面面积，减小了进气阻力；同时，由主喷管喷出的汽油，经过两个或三个喉管的多次雾化，雾化质量更好。

（三）按混合室的数量分

按混合室的数量不同，现代化油器可分为单腔和多腔两种。单腔化油器有一组喉管、一个混合室和一个节气门，并设有一套起动、怠速、主供油、加浓、加速装置及附属装置。

多腔化油器一般用于排量较大的轿车发动机上，应用最多的是双腔化油器。双腔化油器有两组喉管、两个混合室和两个节气门。根据对两个腔的节气门的操纵形式不同，双腔化油器又分为双腔并动和双腔分动两种。随着汽车技术的发展和对排放控制要求的提高，在轿车发动机上，化油器式燃料供给系统的应用越来越少，故本书对多腔化油器不作讨论。

三、化油器的操纵机构

化油器操纵机构包括节气门操纵机构和阻风门操纵机

构。

（一）节气门操纵机构

节气门操纵机构的功用是：在发动机工作时，通过驾驶员的操纵来改变节气门的开度，从而改变供给发动机的混合气数量，以达到改变发动机转速和输出功率的目的，而混合气浓度由化油器自动调节。化油器节气门一般都有两套操纵机构，即通过踏板带动的脚操纵机构和通过拉钮带动的手操纵机构。汽车行驶时，一般常用脚操纵机构来控制节气门开度。当驾驶员踩下加速踏板时，摆杆逆时针摆动，使拉杆左移，节气门开度增大；当驾驶员松开加速踏板时，节气门在回位弹簧的作用下开度减小；在怠速工况下，加速踏板完全放松时，调整螺钉靠在快怠速凸轮上，以限制节气门的最小开度，节气门的最小开度可通过调整螺钉来调整。设手操纵机构的目的是：当发动机负荷在较长时间内不需变化时，如汽车行驶在良好的路面上或发动机冷起动后需维持较高转速暖车时，可拉起手操纵机构，放松脚操纵机构，可减轻驾驶员的疲劳；此外，只有一人进行手摇起动发动机时，也可通过手操纵机构使节气门保持一定的开度。用于手操纵节气门的手油门拉钮设在驾驶室内仪表盘一侧，拉出手油门拉钮时，通过钢丝拉绳使手油门摆杆逆时针摆动，并带动摆杆也逆时针摆动，使节气门开启一定角度。反之，推回手油门拉钮时，则节气门在回位弹簧作用下关闭。手油门摆杆松套在支撑轴上，与摆杆之间是单向传动，以防止两套操纵机构相互干涉，即：当拉出手油门拉钮时，可通过手油门摆杆上的凸沿带动摆杆逆时针摆动，并带动加速踏板随动；但踩下或

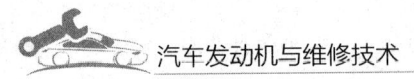

松开加速踏板时,摆杆不能通过手油门摆杆来带动手油门拉钮动作;同时,手油门拉钮拉出到一定位置时,通过手油门摆杆和摆杆限制了加速踏板回位的最高位置。

(二)阻风门操纵机构

阻风门操纵机构的功用是控制阻风门的开度。化油器阻风门只有一套通过拉钮和钢丝绳带动的手操纵机构。阻风门拉钮设在驾驶室内仪表盘一侧,用钢丝绳与装在阻风门上的连动板相连,钢丝绳护套固定在固定板上。拉出阻风门拉钮,可使阻风门关闭;推回阻风门拉钮,则使阻风门开启。阻风门通过联动杆及其两端的拉臂与节气门相连,节气门一侧的拉臂上带有快怠速凸轮,属于带有快怠速联动机构的半自动阻风门。当发动机冷起动时,驾驶员将阻风门完全关闭,并通过联动机构带动快怠速凸轮转动,而快怠速凸轮顶动节气门最小开度调整螺钉,使节气门微开,这样可使发动机完爆后保持较高的转速运转,以缩短暖机时间,故称为"快怠速联动机构"。发动机起动结束后,驾驶员将阻风门完全开启,此时快怠速凸轮转到最低点与调整螺钉接触,节气门在回位弹簧作用下处于通常的怠速位置。

四、典型化油器结构

此化油器是单腔、双喉管、下吸式化油器。化油器壳体分为上、中、下体3部分。上体设有浮子室平衡管、阻风门、进油装置及真空加浓装置。小喉管、浮子室本体、化油器各供油装置的油量孔和空气量孔、加速装置均设在中体上,可拆卸的大喉管位于中体与下体之间,下体上则

第四章 汽油机化油器式燃料供给系与维修

设有节气门及其操纵机构和怠速装置的油道、怠速喷口、过渡喷口、真空加浓装置的通气口与气道，为其它装置（如分电器真空提前点火装置）提供真空源的气孔也设在下体上。化油器的上、中、下体分别用螺钉连接，上体和中体之间、中体与下体之间均夹有衬垫，用于防止漏油和漏气。上体用卡箍直接与空气滤清器相连接，下体的凸缘用两个螺栓紧固在发动机进气管上。浮子室盖和浮子室本体分别设在化油器上体和中体上，浮子室通过平衡管与空气滤清器下方、阻风门上方相通，使浮子室内压力接近大气压。浮子室进油装置由进油管接头、进油滤网、进油针阀、浮子、油面调整螺钉等组成。进油针阀的阀座旋装在浮子室盖上，浮子则用轴销铰接在浮子室盖上。发动机工作时，来自汽油泵的汽油经进油管接头、进油滤网及进油针阀进入浮子室，浮子随油面增高而上升，当浮子升高到一定高度时，进油针阀被顶起而逐渐关闭，直到最后完全关闭切断浮子室进油通路；浮子室内油面下降时，进油针阀在自重作用下随浮子下落而开启，使来自汽油泵的汽油进入浮子室。由此可见，进油装置可使浮子室内油面保持一定高度。浮子室内的油面高度影响化油器供油压差，为防止混合气过浓或过稀，必须使浮子室内油面保持适当高度，位于浮子室侧壁上的油面观察窗即是为检查油面高度而设置的。当汽车水平停放，发动机怠速运转时，油平面应与观察窗正中央的油平面标记平齐。若油面高度不符合规定，可以通过增减针阀座与浮子室盖接合处的垫片厚度或通过油面调整螺钉从外部进行调整。

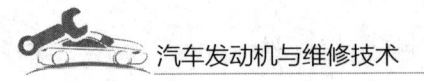

五、化油器的维修

（一）化油器的清洁

化油器是配制混合气的精密装置，其量孔、喷孔、油道、空气道等部位的加工精度很高。尽管燃油和空气在进入化油器之前都经过了过滤，但微小的尘土、杂质等颗粒仍难免进入化油器；此外，汽油中含有胶质，粘附在化油器量孔中会使量孔直径变小，甚至堵塞。尘土、胶质等附着在阻风门轴、节气门轴上，还会使阻风门、节气门的开闭不灵活。由于上述原因，应经常清洁化油器。化油器外部也应时常擦拭，保持清洁。

在一般情况下，可以使用化油器喷雾清洗剂清洗化油器。化油器喷雾清洗剂为罐装，按下其顶端的按钮，清洗剂即可喷出。清洗时，发动机怠速运转，然后将约1/4罐清洗剂从化油器进气口喷入，约1/2罐清洗剂从平衡管喷入浮子室中，剩下的清洗剂从化油器外面喷到阻风门轴、节气门轴上，在喷清洗剂的同时，为保证发动机运转稳定，应反复踩动加速踏板。喷清洗剂时，应确保发动机无回火。若发现量孔已被堵塞，必须将化油器分解后清洗。可使用酒精或丙酮作为清洗液，严禁用铁丝、钻头之类的硬金属物去捅量孔，只能用毛刷刷洗。洗净的量孔、油道、气道等须用压缩空气吹干。

（二）化油器零件的检查

化油器的密封对其正常工作十分重要，它的密封由各连接接合面的螺钉以及各接合面间的衬垫来保证。在汽车使用中，应经常检查各连接螺钉有无松动，化油器中体与上体、

中体与下体、下体与进气管、上体与空气滤清器的接合部位有无漏气，必要时进行紧固或更换密封衬垫。化油器分解后，应对零件的磨损情况进行检查。化油器上有很多运动部件，如节气门轴、阻风门轴、进油针阀、加速泵活塞、真空加浓活塞等，使用一段时间后会出现磨损，磨损过大将不能保证化油器正常工作。此外，在使用中，各量孔也不可避免地遭受汽油或空气中细微尘粒的磨擦和冲刷而造成磨损，使其直径变大，从而影响化油器的性能。化油器分解后，若发现有严重磨损的零件，应及时更换。

（三）浮子室油面的检查与调整

在使用中，若发现发动机在各种工况下混合气过浓或过稀，都要检查、调整化油器浮子室的油面高度。浮子室的油面高度可在油面观察窗处观察到，油面高度应与观察窗中央的标记平齐，油面与化油器中体上平面的距离约为17mm。

若油面高度不符合规定，可通过油面外调机构中的油面调整螺钉进行调整。调整时应使发动机达到正常工作温度，并维持怠速运转。顺时针拧动调整螺钉，浮子室油面降低；逆时针拧动调整螺钉，浮子室油面升高。调整完成待发动机工作一段时间后，应复查油面调整是否准确。如果拧动油面调整螺钉后，发现油面位置没有变化，则可能是浮子轴或浮子被卡住，应拆开化油器上体进行检查。

（四）发动机怠速的调整

在使用中，若发动机的怠速转速低于或高于规定值，应予调整。CA6102发动机怠速转速规定为430~470r/min。怠速转速的调整应在发动机工作温度正常、点火系及机械部分

工作正常的情况下进行。调整步骤如下：

1. 首先调整化油器节气门最小开度限位螺钉，将发动机转速调整到接近规定的怠速转速。

2. 再调整怠速调整螺钉，使发动机转速在上述基础上调到最大（可从风扇转动或发动机运转声音来判断）。

3. 然后再次调整节气门最小开度限位螺钉，使发动机转速接近规定怠速转速。

4. 重复上述调整过程2~3次，即可获得稳定的怠速转速。

（五）真空加浓装置的调整

真空加浓装置应在进气歧管真空度为146KPa时起作用。起作用过早，会增加油耗量；起作用过迟，则发动机加浓不良。真空加浓装置的检查与调整步骤如下：

1. 拆下化油器上体，测量真空加浓活塞下端至化油器上体下平面的距离。

2. 测量真空加浓推杆上端至化油器中体上平面的距离。

3. 测量的尺寸应符合规定，否则应将真空加浓阀组件拆下，增加或减少其下面的垫片，以达到上述要求，然后装上进行检查，直到合适为止。有些化油器的真空加浓推杆下端制有2~3个卡槽，调整真空加浓装置起作用时刻的早晚，可通过改变加浓活塞杆下端的弹簧卡子位置来实现。弹簧卡子向下移动一个槽，弹簧弹力减弱，真空加浓装置起作用时刻推迟；弹簧卡子向上移动一个槽，弹簧弹力增强，真空加浓装置起作用时刻提前。

第四章　汽油机化油器式燃料供给系与维修

（六）机械加浓装置的调整

机械加浓装置应在发动机负荷达到85%时起作用。起作用过早，耗油量增大；起作用过迟，则会影响发动机输出功率。

（七）加速泵的检修

1. 加速泵不供油故障的排除。迅速踩下加速踏板时加速泵不供油，其原因一般是加速泵活塞磨损或失去弹性，导致加速泵活塞与泵筒密封不良，所以加速泵筒内的燃油不能压出。在使用中发现加速泵不供油时，应拆下化油器上体，拆开联动装置，取出加速泵活塞，用手向外拨动数次，使活塞向外扩张，再装上油器，这样一般可排除加速泵不供油故障。

2. 加速泵供油量的调整。加速供油量应根据使用条件的变化进行调整，原则是：汽油容易雾化和蒸发时，可减少加速装置的供油量；反之，则应增大供油量。调整供油量可通过改变连接钩在摇臂上的连接位置来实现，将连接钩连接到摇臂外端的孔上，摇臂摆转角度相同时，可增大活塞行程，增加供油量；将连接钩连接到摇臂内端的孔上，则可减小供油量。

3. 加速泵供油早晚的调整。供油时刻的早晚可通过改变弹簧的预紧力来实现。有些化油器在加速泵活塞杆与连接板连接处制有2~3个连接孔，用以调整弹簧的预紧力，没有连接孔的可通过垫片来调整。弹簧预紧力增大，供油提前，反之则供油推迟。

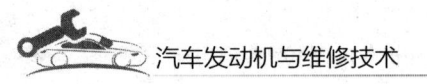

第四节　汽油供给装置的构造与维修

汽油供给装置主要包括汽油箱、汽油滤清器、汽油泵和供油管路。

一、汽油箱的构造与维修

（一）汽油箱的构造

汽油箱的功用是贮存汽油，其贮备里程一般为300~600km。货车和客车等汽车的汽油箱安装在车架一侧，轿车的汽油箱多安装在汽车的后部。有少数汽车装用两个汽油箱。一般汽油箱采用薄钢板冲压件焊接而成，轿车的汽油箱多采用塑料制成。

一般货车和客车的汽油箱构造，油箱通过支架和箍带固定在车架一侧，油箱上焊有加油管，底部带有滤网的加油延伸管安装在加油管内，加油管口用油箱盖封闭。油箱上部设有浮子式油量传感器，为驾驶室内仪表盘上的汽油表提供油量信号，当油箱内的油量不足时，拧下油箱盖，即可向油箱内加注汽油，加注的汽油经过滤网初步滤清后进入油箱。出油开关串联在油箱出油管中，出油开关通常是打开的。放油螺塞设在油箱底部，以便排出油箱内的积水和污物。在油箱内部设有隔板，用以防止汽车行驶中汽油的剧烈振荡。

油箱盖上一般都设有空气阀和蒸气阀。当油箱内的汽油减少，压力下降到预定值（约98kPa）时，空气阀在压差作用下开启，空气进入油箱，以防止油箱内压力过低（真空度过大）而影响汽油泵正常吸油。当环境温度较高，油

第四章 汽油机化油器式燃料供给系与维修

箱内汽油蒸气过多，压力超过预定值（约110kPa）时，蒸气阀被推开，油箱内的汽油蒸气排出，从而防止油箱内压力过高。油箱盖上设有重力阀和通风阀。重力阀的功用是：在正常工作情况下靠自重处于开启状态，允许空气进入油箱内，以防止油箱内压力过低而影响汽油泵正常吸油；当汽车倾斜45°或发生翻车事故时，重力阀自动关闭通风口，防止汽油外泄。通风阀只在拧下油箱盖的同时开启，其功用是：当油箱内的油面下降时，使空气由此阀进入油箱；当向油箱内加注汽油时，则由此阀使油面上面的空气排出。加油延伸管中设有一个单向球阀，其功用是：当向油箱内加注汽油时，球阀开启，以便提高向油箱内加注汽油的速度；当油箱内油量接近加满时，球阀关闭，以防止油箱内的汽油流出油箱。

（二）汽油箱的检查与拆卸

汽油箱不应有凹陷变形或裂纹，油管和出油开关应紧固，油箱盖应密封严密，任何部位不应有漏油现象，否则应查明原因，予以排除。各通风管（口）应畅通，空气阀和蒸气阀应工作正常，保证油箱内压力正常，以免影响供油。油箱应安装牢固。油箱内不应有积水和沉积物，否则应对油箱进行清洗。当汽油箱出现漏油现象时，可用压力法检查漏油部位：首先将油箱除加油管口以外的其它管口塞住，加油管口采用带通气管的油箱盖；然后将油箱浸入水中，并经通气管向油箱内吹入压缩空气，当油箱内压力达到一定值时，观察油箱是否有气泡冒出，并在冒气泡的部位做好标记，以待修复。注意：充入油箱内的压缩空气压力不能过高，以免油

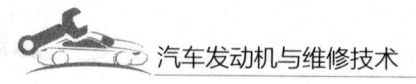

箱胀裂。

拆卸汽油箱时应注意安全,尤其注意防火。首先拆下蓄电池负极电缆线,放出油箱中的汽油(若没有放油螺塞,可用虹吸法吸出油箱中的汽油),然后拆开油箱上的出油管和回油管(有些无回油管),拆开油量传感器连接线路,最后拆下油箱固定箍带或支架的紧固螺栓或螺母,取下汽油箱。

(三)汽油箱的清洗

当汽油箱内有积水、沉积物或其它杂质时,应对汽油箱内部进行清洗。清洗前,拆下油量传感器等附件,并将油箱内的残油放净。用5%的烧碱沸水溶液冲洗油箱1~2次,再用热水冲洗,或用氨水溶液冲洗,洗净后用自然风或压缩空气将油箱内部吹干。

(四)汽油箱漏油部位的修理

对钢板冲压焊接而成的汽油箱,用压力法确定漏油部位后,可采用锡焊或气焊修复,不与其它物体接触的部位采用锡焊修复,否则应采用气焊修复。注意:焊修前,必须放净油箱内的汽油,并使加油管口朝向无人处,先用焊枪对漏油部位慢慢加热,确认油箱内的汽油蒸气放净后再进行焊接。对塑料制成的汽油箱,可采用粘接修复。汽油箱修复后,应在30~50kPa的压力下进行水压试验,确认不再漏油后,清洗干净,即可投入使用。钢板冲压焊接的汽油箱,修复后应在焊补部位涂防锈漆。

二、汽油滤清器的构造与维护

(一)汽油滤清器的构造

第四章 汽油机化油器式燃料供给系与维修

汽油滤清器安装在汽油箱与汽油泵之间，其功用是滤除汽油中的水分和杂质，以保证汽油泵和化油器正常工作。目前，汽车发动机上采用的汽油滤清器主要有两种，一种是货车和客车上常用的可拆式汽油滤清器，另一种是轿车上常用的不可拆式汽油滤清器。

CA1091汽车装用的可拆式汽油滤清器，主要由滤清器盖、沉淀杯、滤芯等组成。发动机工作时，汽油泵将油箱内的汽油吸出，经进油管接头进入沉淀杯中，水分和较重的杂质沉入杯底，较轻的杂质随汽油流向滤芯内腔，经滤芯滤清后的清洁汽油从出油管接头流出到汽油泵。汽车行驶一定里程后，沉淀杯中的水分和杂质，可通过滤清器底部的放油螺塞放出。安装时，为防止进出油管接反，影响滤清效果，应参考方向或文字标记。

多孔滤纸外筒及滤清器壳体组成。此类滤清器，在使用中不需清洗，且滤清效果好，应用越来越广泛。

（二）汽油滤清器的维护

不可拆式汽油滤清器，一般汽车每行驶15000km，需更换滤清器和接头夹，注意：滤清器上的箭头方向为汽油的流动方向。可拆式汽油滤清器的滤芯一般采用尼龙布或多孔陶瓷等制成。一般汽车行驶6000km，应清洗汽油滤清器滤芯，其方法如下：

1．拆下沉淀杯，拧下滤芯螺栓，取出滤芯。

2．将滤芯放入沸水中煮10min，然后用压缩空气吹干。

3．再用清洁的煤油或汽油清洗滤芯，并用压缩空气吹干。

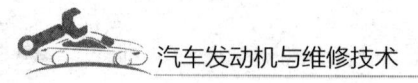
汽车发动机与维修技术

4．装上滤芯，滤芯螺栓不能拧太紧，以免滤芯破裂，最后装上沉淀杯。

三、汽油泵的构造与维修

（一）膜片式汽油泵的构造

汽油泵的功用是将汽油从油箱内吸出，并以一定压力通过管路和汽油滤清化油器的浮子室中。在化油器式汽油机燃料供给系统中，多采用机械驱动膜片式汽油泵。在中凸轮轴式发动机上，汽油泵安装在气缸体一侧，利用凸轮轴轮来驱动；在顶置凸轮轴式发动机上，有些也将汽油泵安装在气缸体一侧，利用中间轴上的偏心轮驱动，有些则将汽油泵安装在气，利用凸轮轴上的偏心轮驱动。机械驱动膜片式汽油泵有可拆式和不可开式两种，多数轿车上装用的汽油泵为不可拆式，不可拆式汽油发生故障时只可拆式汽油泵的构造主要由上体、（出）油阀和膜片总成组成。

汽油泵的上体和下体用螺钉连接。其上装有进油管接头和出油管接头。进油阀和出油阀同，但在支持片上的安装方向相反，装有进、出油阀的支持片用螺钉固定泵盖。通过密封垫封闭上体上部，形成环形稳压出油腔。膜片总成夹装在汽油泵上、下体之间，它主要由膜片、膜片上下护盖和膜片弹簧等组成。膜片弹簧装在下体上的弹簧座与膜片下护盖之间使膜片向上拱曲，以便将吸入泵腔内的汽油压出。下体上设有安装凸缘，以便将汽油泵用螺栓安装在机体上。内摇臂和松套在下体中的摇臂轴上，内摇臂内端与膜片拉杆连接，外摇臂外端伸入回位弹簧压靠在驱动偏心轮上。

内、外摇臂利用斜面接触实现单向传动，外摇臂受偏

第四章　汽油机化油器式燃料供给系与维修

心轮驱动逆时针转动时，通过斜面使内摇臂也绕摇臂轴逆时针转动，并使拉杆向下移动；而外摇臂在回位弹簧作用下回位时，不能带动内摇臂回位。膜动膜片向上拱曲时，通过膜片拉杆带动内摇臂回位。在汽油泵下体上一般设有通的泄油孔，并在膜片拉杆的下端装有油封，以防止膜片破损时汽油进入曲时，也可根据泄油孔是否有油流出，诊断汽油泵膜片是否破损。

膜片式汽油泵的工作原理。发动机工作中，偏心轮驱动外摇臂逆时针转动时，内摇臂通过膜片拉杆使膜片向下拱曲到最低位置，并使膜片弹簧压缩；由于膜片上方的泵腔内容积增大，产生一定的真空度，将进油阀吸开，而出油阀关闭，汽油经进油管接头和进油室被吸入泵腔，汽油泵完成吸油过程。当偏心轮的偏心部分转过外摇臂时，外摇臂在回位弹簧作用下紧靠偏心轮顺时针转动回位，外摇臂通过斜面对内摇臂的推力消除，膜片便在膜片弹簧作用下向上拱曲，同时通过膜片拉杆带动内摇臂回位；由于膜片上方泵腔内的容积减小，油压增大，使进油阀关闭，当油压达到一定出油阀，使泵腔内的汽油经出油阀、出油室和出油管接头流向化油器，汽油泵过程。在泵腔内的汽油经出油阀压入出油室时，出油室内的空气被压缩形成，这样能保证出油阀关闭后，出油室内的汽油继续流向化油器，从而减少汽油泵供油的脉动。

发动机在不同工况下的耗油量是不同的，为保证发动机工作中可靠供油，汽油泵的供油能力为发动机最大耗油量的6～8倍。为此，汽油泵必须根据发动机自动调节供油量，膜片式汽油泵是靠摇臂结构与化油器浮子室内浮子针阀共同来实现供油量自动调节的。发动机工作时，要求汽油泵的实际供油量，始终内的油面保持接近规定高度；在汽油泵压油过程中，浮子室内油面达到规定高度针阀关闭时，泵腔内的汽油不能完全流出，膜片不能向上拱曲到最高位置，导致拱曲吸油时的行程减小，吸油量也减少；浮子室内油面降低时，浮子室进油针膜片向上拱曲压油的位置升高，吸油时的行程也随之增大，吸油量增加；膜片减小时，由于内、外摇臂是单向传动，所以不会发生运动干涉，只是在一定范围内摇臂臂随偏心轮空转。汽油泵的吸油量等于压出的油量，即发动机的耗油量，这样汽油泵供油量随发动机耗油量实现自动调节。发动机起动前，若化油器浮子室内无油可用手摇臂泵油，摇动手摇臂时，截面为半圆的手摇臂轴随之转动，并带动内摇臂使汽油泵泵子室内油面达到规定高度进油针阀随之关闭，膜片向上拱曲压油的位置降低，下降到最低位置时，手摇臂只能空转，汽油泵不再泵油。

注意：用手摇臂泵油心轮正好将外摇臂顶起，使膜片处于吸油行程最低位置，应转动曲轴使偏心轮置，否则不能泵油。轿车上常用的不可拆式汽油泵工作原理与上述汽油泵基本相同，只是汽油供油量更大。

汽油泵供油量油泵上设有回油管接头，以便将多余的汽油经管路送回油箱。在有些轿车发动机系统中的回油管路连接在汽油滤清器或化油器与油箱之间。此外，轿车发动机的浮子室一般容积较小，且汽油泵供油量大，曲轴稍有转动即可使浮子室充满。在汽油泵上一般不设手摇臂。

第四章 汽油机化油器式燃料供给系与维修

（二）检修汽油泵零件

机械驱动膜片式汽油泵的常见故障是供油不足及供油压力不足，产生故障包括摇臂磨损、进（出）油阀密封不良、膜片破裂、膜片弹簧弹力不足、油路堵塞。在正常情况下，每次二级维护时，应对汽油泵进行清洁和检查。汽油泵分汽油清洗各零件，并进行如下检查：

1. 检查进、出油阀关闭是否严密，若关闭不严，应研磨。
2. 检查膜片有无破裂，若有损坏，应予更换。
3. 检查膜片弹簧，若弹力不足或折断，应予更换。
4. 检查外摇臂与偏心轮接触处，若磨损超过0.5mm，应堆焊修理或更换，不可拆式汽油泵则应更换汽油泵总成。同时还应检查偏心轮的磨损情况，必要轮轴或中间轴。
5. 检查内、外摇臂之间间隙，若间隙过大，应焊修或更换。
6. 检查摇臂轴与摇臂孔配合。

（三）汽油泵的一般检查

汽油泵从发动机上拆下或装配完后，可用简单方法对汽油泵进行一般检查。

1. 进油阀密封性的检查。用手指堵住出油管接头和回油管接头，扳动外油泵"吸油"，松开外摇臂后，内摇臂应不回位，再扳动外摇臂时只能空转，则说明进油阀密封不良。
2. 出油阀密封性的检查。用手指堵住进油管接头，扳动外摇臂时应不能则说明出油阀密封不良。

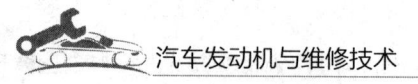

3．膜片的检查。用手指分别堵住进、出油管接头和回油管接头，扳动外摇臂若能扳动，说明膜片破裂。

4．检查汽油泵膜片拉杆油封。堵住汽油泵下体泄油孔，扳动外摇臂时可动，说明油封密封不良。

5．汽油泵性能的检查。用手指堵住进油管接头，扳动外摇臂应感觉有力；在汽油泵进、出油管接头处接上软管，使进油软管浸入汽油中，在出油软容器，扳动外摇臂时，出油软管应有急促的油柱喷出。

（四）汽油泵泵油能力的检查

在车上检查汽油泵泵油能力。检查时，用一个四通接头将流量管连接在汽油泵与化油器之间的管路上，先关闭流量开关，并使发动机空转，此时压力表读数即为汽油泵的泵油压力。然后打开流量开关，检查30s内的泵油量。若泵油量和泵油压力不符合标准，应检修或更换汽油泵。发动机转速为3000r／min时，泵油压力应为24～36kPa，泵3.2L／min。

四、供油管路的检修

供油管路常见故障是堵塞和漏油，其原因一般是杂质积聚、油管凹陷、油管破裂或接头密封不良。供油管路堵塞或漏油会导致发动机供油不足，甚至供油中断。

通常可用吹气法检查油管有无堵塞或破裂。管路堵塞时吹气不通，而将油管一端堵住，在另一端吹气时，若漏气说明油管破裂。油管一般采用纯铜管，破裂的油管可焊修。有凹陷的油管可将凹陷部分截掉，再进行焊接。折断的油管，可将两端锉平，进行焊接。油管接头密封不良时，应使用喇叭口专用加工工具重新翻制。

第四章　汽油机化油器式燃料供给系与维修

第五节　空气滤清器的构造与维护

一、空气滤清器的构造

空气滤清器的功用是滤除空气中的杂质，以减轻发动机磨损。同时，空气滤清器可减轻发动机进气噪声。

目前，汽车发动机广泛采用纸质干式空气滤清器。滤芯是用树脂处理的微孔滤纸制成，滤芯成波折状，具有较大的过滤面积。为保证滤芯上、下两端的密封，在滤芯两端装有密封圈。发动机工作时，空气由盖与外壳之间的空隙进入，经过滤芯滤清后，经接管流向化油器。

在有些轿车发动机装用的空气滤清器内，装有温控装置自动调节进气温度，以便在发动机温度较低时，提高进气温度，改善混合气形成条件。天津夏利、二汽富康等轿车的空气滤清器均装用的温控装置原理基本相同。

当进气温度低于30℃时，温控开关接通进气歧管到真空驱动装置的真空通道，驱动装置被吸起，并带动进气转换阀打开热空气入口，关闭冷空气通道，发动机吸入的空气为排气管周围的热空气；随着进气温度的提高，进气转换阀逐渐关闭热空气入口，打开冷空气入口，直到进气温度上升到30℃以上时，进气转换阀完全关闭热空气通道，并打开冷空气通道，发动机吸入的空气为大气中的冷空气。

二、空气滤清器的维护

一般汽车每行驶15000km，应对空气滤清器进行一次维护。

维护空气滤清器时，拧下滤清器盖上的碟形螺母，有锁扣的拆开锁扣，即可拆下滤清器盖，然后取出密封圈和滤芯。检查空气滤清器滤芯，不得沾有油污，不应有破损，否则应更换滤芯。对能继续使用的空气滤清器滤芯，可以轻轻磕打将灰尘震掉，也可以用压缩空气从里向外吹掉灰尘，压缩空气的压力应不超过196~294kPa，以免损坏滤芯。

安装空气滤清器时，应注意将密封垫正确安装在原位，以防止不清洁的空气进入气缸。橡胶密封垫易老化或损坏，老化或损坏的密封垫必须更换。

装有温控装置的空气滤清器，在维护时还应检查温控装置工作情况。拆开真空驱动装置进口的真空软管，使用手动抽气装置给真空驱动装置施加一定的真空度时，进气转换阀应被吸起；发动机未达到正常工作温度之前，使发动机怠速运转，并拆开真空驱动装置进口的真空软管，用手堵住温控开关一侧的真空软管感觉有吸力，否则应检查真空软管有无漏气，必要时更换软管，若软管不漏气更换温控开关。

第六节　进、排气装置的构造与维修

一、进、排气装置的构造

（一）进、排气歧管

进、排气装置包括进、排气歧管和排气消声器等。进气歧管的功用是将来自化油器的混合气（汽油机）或来自空气滤清器的空气（柴油机）分配到各气缸。排气歧管的功用是

第四章 汽油机化油器式燃料供给系与维修

将各气缸排出的废气汇集起来,经排气消声器排入大气。

进、排气歧管是发动机进、排气的通道,都是用螺栓固定在气缸体或气缸盖上,与气缸体或气缸盖上相应的进、排气道相通。进、排气歧管与气缸体或气缸盖的接合处装有石棉衬垫,以防漏气。进、排气歧管的结构因发动机气缸数、气缸排列形式、气门排列顺序、燃烧室形状等的不同而异,一般可分为整体式、上下分置式和左右分置式。整体式进、排气歧管是将进气歧管与排气歧管制成一体,安装在发动机的一侧,CA1091汽车发动机整体式进、排气歧管。上下分置式是将进、排气歧管分别制造,一上一下安装在发动机的同一侧,左右分置式也是将进、排气歧管分别制造,但分别安装在发动机左、右两侧。汽油发动机采用的进、排气歧管上述3种类型均有,而柴油发动机的进、排气歧管一般采用左右分置式,以防止排气歧管高温对进气歧管产生影响而降低充气效率。

(二)进气歧管预热装置

汽油机为促进混气中的汽油蒸发,特别是使附着在进气歧管壁面上的油膜蒸发,一般都对进气歧管进行预热。采用整体式或上下分置式进、排气歧管时,进气歧管被排气歧管包围,直接利用排气歧管的高温对进气歧管预热,但这种预热方式不能调节。采用左右分置式的进、排气歧管时,一般利用冷却水或电加热方式对进气歧管预热,如上海桑塔纳轿车发动机的进气歧管内设有水套,发动机工作温度较低时,冷却水在系统内循环,并对进气歧管预热。此外,桑塔纳轿车发动机的进气歧管中还设有电加热装置。热敏开关设在水套中，发动机工作时，点火开关闭合，若冷却水温度低于65℃，热敏开关使恒温加热器的电路接通，加热器对进气歧管内的油膜加热；当冷却水温度达到65℃时，热敏开关断开，加热器停止工作。

（三）排气消声器

排气消声器安装在排气装置的出口处，其功用是消耗废气能量，平衡气流的压力波动，从而降低排气噪声，并消除废气中的火焰和火星。安装排气消声器后，不可避免地增加了排气阻力，使发动机功率略有下降，在使用中应保持排气消声器畅通。典型的排气消声器构造用薄钢板焊接而成的圆筒形或椭圆形外壳两端封闭，中间有两道隔板将消声器内部分割成3个消声室，在两端分别插入多孔的进入管和排出管，3个消声室通过多孔进入管和排出管沟通。发动机工作时，废气经多孔进入管进入排气消声器后，利用进入管和排出管上的小孔使废气分散、节流、变向、膨胀、冷却和产生阻抗，从而消耗废气能量，使排气噪声降低。

二、进、排气装置的维修

进、排气歧管内积炭严重时，可使用钢丝刷或钝口刮刀进行清除，也可用化学溶液浸泡2~3h，使积炭软化后清除。检查进、排气歧管和排气消声器，若发现有裂纹或缺口，可进行焊修或更换。检查进排气装置各连接处的衬垫，若有缺损应更换。检查进、排气歧管与气缸体或气缸盖接合平面时，在两个方向上放置直尺，并用塞尺测量直尺与接合面间的间隙，一般应不超过0.1mm，否则应修磨。

排气检查排气消声器，若有破裂应焊修。排气消声器内

第四章　汽油机化油器式燃料供给系与维修

积炭严重时，可拆下排气消声器，用木锤轻轻敲击外壳，使积炭脱落。

第七节　化油器式汽油机燃料供给系统的常见故障诊断

在使用中，汽油机燃料供给系的常见故障有供油不畅、混合气过稀、混合气过浓、加速不良、怠速不良。汽油机燃料供给系的故障虽然复杂，但实质不外乎堵、漏、坏，在诊断时应根据具体情况，按照先简后繁、先外后内、分段检查的原则，逐渐缩小故障范围，迅速查明故障部位，并予以排除。

一、不供油或供油不畅

在汽车使用中，点火系统工作正常的情况下，若出现发动机起动困难或不能起动，多次踏加速踏板或向化油器中倒入少量汽油后，勉强能起动，但又逐渐熄火，发动机怠速时不稳易熄火，即可诊断为不供油或供油不畅。

（一）打开点火开关，观察汽油表指示情况，若指示无油，应添加汽油；若指示有油，检查油箱开关是否打开，若油箱开关未打开，打开即可。

（二）检查汽油供给装置有无严重漏油或油管破裂和凹瘪现象，若没有上述现象，拆下化油器进油管，用手泵泵油或摇转曲轴，观察化油器进油管出油情况。若出油正常，则可确定故障在化油器，应首先检查浮子室进油滤网是否堵塞，若无堵塞，应拆检化油器。化油器分解后，主要检查进油针阀是否卡住、浮子活动是否灵活、各油量孔和油路是否堵塞等。

（三）若化油器进油管出油不畅，说明汽油供给装置有故障。拆下汽油泵进油管，向外吸油并观察出油情况，若出油正常，则可确定故障在汽油泵。汽油泵有故障时，应分解汽油泵，检查膜片是否破裂、膜片弹簧是否过软或折断、进出油阀密封是否良好、内外摇臂是否磨损严重等，还应检查驱动汽油泵的偏心轮是否磨损严重。

（四）若汽油泵进油管出油不畅，说明故障在汽油滤清器和油箱出油管路。首先检查汽油泵至油箱之间的油管路有无漏气，若油管接头处有漏气，应检查油管接头是否按规定拧紧、密封圈是否损坏、油管喇叭口是否损伤等。若油管路无漏气现象，则应拆下汽油滤清器，从油箱出油管口向外吸油并观察出油情况，或用打气筒向油箱内打气并听有无气泡声，以检查油箱出油管是否堵塞，若有堵塞现象，应疏通。若油箱出油管无堵塞现象，应分解汽油滤清器，检查滤芯是否堵塞、沉淀杯有无裂纹、是否因各密封垫损坏而导致漏气。

二、混合气过稀

在汽车使用中，若出现发动机不易起动、加速时转速不易提高且易熄火、怠速不稳、化油器回火、发动机过热等现象，若拉阻风门上述现象好转，即可诊断为混合气过稀。

（一）检查化油器浮子室油面高度，若油面过低，应首先调整浮子室油面高度，若调整后故障现象消失，说明是油面调整不当。若调整油面高度无效，说明故障在汽油供给装

第四章 汽油机化油器式燃料供给系与维修

置,可按不供油或供油不畅故障进行诊断。

(二)若浮子室油面高度正常,说明故障在化油器供油装置。应分解化油器,检查主量孔是否直径小或堵塞、主供油装置和加浓装置油路有无堵塞等。

三、混合气过浓

在汽车使用中,点火系统工作正常的情况下,若出现发动机动力不足、油耗增加、温度越高越不易起动、怠速不稳、节气门轴渗油、排气管冒黑烟、排气管放炮等现象,拆下火花塞检查有油或积炭严重,即可诊断为混合气过浓。

(一)检查化油器浮子室油面高度,若油面高度正常,应检查阻风门,阻风门不能完全打开应检修。若阻风门开度正常,应检查空气滤清器滤芯是否过脏,必要时清洁或更换空气滤清器滤芯。空气滤清器若无故障,则原因可能是化油器主量孔直径过大、加浓装置起作用时刻过早等。

(二)若浮子室油面过高,首先应进行调整,若能将油面调低,说明调整不当。若浮子室油面调不低,应分解化油器,检查浮子是否卡住或破裂、进油针阀是否关闭不严等。

四、加速不良

在汽车使用中,点火系统工作正常的情况下,急加速时若排气管发出短暂无节奏的"突突"声,有时化油器回火,缓慢加速时良好,则可诊断为加速不良。

(一)检查化油器加速泵驱动机构,若有脱落或损坏现象,应检修或更换。

(二)拆下空气滤清器,发动机怠速工作时,快速踩动加速踏板,观察加速喷口喷油情况,若喷油量少或不喷油,应分解化油器,检查加速装置进出油阀是否正常、油路有无堵塞、调整是否合适等。

(三)若加速喷口喷油正常,按混合气过稀故障进行诊断。在诊断时,可拉阻风门并观察发动机加速工作情况,若故障现象减轻或消失,发动机转速能迅速提高,则进一步证明是混合气过稀引起的加速不良。

五、怠速不良

怠速不良可分为无怠速、怠速过高、怠速不稳3种情况。

(一)无怠速

在汽车使用中,若出现完全放松加速踏板发动机就熄火、发动机怠速不稳很快熄火或行驶中一松加速踏板就熄火的现象,可诊断为无怠速。

1. 调整怠速,若经调整发动机能以正常怠速运转,说明调整不当。

2. 若反复进行怠速调整仍无好转,检查化油器浮子室油面高度,若油面高度不符合规定,应进行调整。浮子室油面无法调整到正常高度时,应查明原因进行检修。

3. 若浮子室油面高度正常,应分解化油器,检查怠速油量孔和空气量孔是否堵塞或尺寸不合适、怠速油道和空气道是否堵塞、真空加浓装置是否漏气等。

4. 若化油器无故障,可使发动机在较高转速下运转,用单缸断火法检查各缸工作情况。若有个别缸不工作,检查点火系统是否有缺火故障。若点火系统正常,进一步检查不工作缸的工作压力,压力过低说明该缸密封不良,应检查气

第四章 汽油机化油器式燃料供给系与维修

缸、活塞和活塞环的磨损情况及气门的密封情况。

5. 若所有气缸均工作，应仔细听化油器、进气歧管各连接部位有无漏气声。若有漏气部位，应检查连接螺栓是否拧紧，衬垫是否损坏。

（二）怠速过高

在汽车使用中，若出现发动机怠速转速明显高于标准而无法调低，或调低就熄火，即可诊断为怠速过高。

1. 用手扳动节气门轴上的操纵臂，使节气门关闭，若怠速好转，应检查节气门回位弹簧是否过软或操纵机构是否有卡滞现象；怠速无好转，则应检查节气门轴是否松旷，若无松旷现象，仔细听化油器和进气歧管等处有无漏气声，若有漏气声，应检查漏气部位的连接螺栓是否松动或衬垫损坏。

2. 若上述检查均正常，应分解化油器，检查怠速油量孔是否过大、空气量孔是否堵塞、节气门与化油器下体间隙是否过大等。

（三）怠速不稳

在汽车使用中，若发动机怠速运转时发抖、转速不均匀，即可诊断为怠速不稳。

1. 检查化油器浮子室油面高度，若油面高度不正常，应调整。

2. 若油面高度正常，调整怠速，若好转，说明怠速调整不当。

3. 若油面高度正常，且怠速调整无效，用单缸断火法检查各缸工作情况，若有个别缸不工作，检查点火系统是否有缺火故障。若点火正常，进一步检查不工作缸的工作压力，压力过低说明该缸密封不良，应检查气缸、活塞和活塞环的磨损情况及气门的密封情况。

4. 若各缸均工作，进行急加速试验，听发动机工作声音，若有"突爆"声，应调迟点火提前角。

5. 若急加速时无"突爆"声，分解化油器，检查怠速装置是否堵塞、量孔是否过大、节气门与怠速喷口相对位置是否正确等。若是双腔并动化油器，两个腔的怠速调整不一致也会导致怠速不稳。

6. 若化油器无故障，应检查化油器和进气歧管等处有无漏气，气门间隙尺寸是否正确。

第五章
汽油机电控燃油喷射系统与维修

第一节 汽油机电控燃油喷射系统概述

一、汽车电子技术的发展

上世纪五十年代,汽车上装用了第一个电子装置——晶体管收音机。随着电子技术的发展,电子装置在汽车上的应用也日趋广泛。时至今日,汽车电子化已达到相当高的程度。早期的各种车用电控系统是相互独立的,由于电子技术的发展水平有限,一个电子控制系统只能单独对汽车的某一功能进行控制。现代汽车上广泛应用的集中控制系统,将多种控制功能集中到一个控制单元(ECU)上,大大简化了电控系统结构和、优化了线路,同时降低了成本。

(一)应用于发动机的电控系统

主要包括:电控燃油喷射系统(EFI)、电控点火系统(ESA)、怠速控制系统(ISC)、排放控制系统、进气控制系统、增压控制系统、自我诊断系统、失效保护系统和应急备用系统等。

(二)应用于底盘的电控系统

应用比较广泛的主要有:电控自动变速器(ECT)、防

滑控制系统(ASR)、防抱死制动系统(ABS)、电控悬架(TEMS)、动力转向车速感应稳定系统等。

(三)应用于车身及汽车附属装置的控制系统

主要包括:自动空调系统、防盗系统、安全气囊系统(SRS)、巡行控制(CCS)、座椅自动调节系统、雷达防撞系统、音响控制系统、电子仪表、中控门锁及玻璃升降器等。

二、汽油喷射系统在汽车上的应用

(一)汽油喷射系统的发展

汽油喷射系统在二十世纪三十年代开始用于军用飞机发动机,即早装用汽油喷射系统的汽车出现在上世纪五十年代,是德国奔驰公司生产的汽车奔驰300SL,该车装用的机械式汽油喷射系统与柴油机供给系统基本相同,利用杜塞泵和喷油器直接向气缸内喷油。此后改进为向进气管喷油。机械式汽油喷射系统采用连续喷射方式,即在发动机工作中,喷油器连续不断地将汽油喷入进气管。

(二)电控燃油喷射系统的优点

众所周知,要提高发动机的动力性和燃料经济性、降低排放污染,就必须根据汽车运行工况的变化,精确控制供往气缸的混合气浓度。EFI能实现对混合气浓度(即空燃比)的高精度控制,相比化油器式汽油机供给系统和K型、KE型汽油喷射系统具有明显的优越性。因为电子控制的灵活性和电脑强有力的综合处理能力,使电控系统可以根据发动机运行工况的变化而变化,如起动、暖机、怠速、加速、全负荷等,从而实现最佳空燃比控制及最佳点火提前角控制,以优

化发动机各种运行工况,从而取得良好的节油和排气净化效果。EFI系统优点归纳如下:

1. 由于进气系统中没有化油器喉管,因而近期阻力较小。而且只要合理设计进气管道,就能充分利用进气流的惯性增压作用,提高充气效率,从而提高发动机动力性。

2. 在汽车加速或减速行驶的过渡工况下,控制系统能够迅速响应,使汽车加速或减速的反应更灵敏。

3. 当汽车在不同地区使用时,控制系统能根据大气压力或外界环境温度变化引起的空气密度变化,对混合气浓度进行修正。

4. 发动机起动时,电脑计算出起动供油量,并且能使发动机顺利经过暖机运转,可明显改善发动机的低温起动性能和热机运转性能。

5. EFI在各种运行工况下都能为发动机提供浓度最佳的混合气,且燃油雾化好,各缸分配均匀,有利于燃料的完全燃烧。因此,可有效地减少排放污染、节省燃油。

6. 具有减速断油功能,能节省燃油、减少排放污染。减速时,节气门关闭,发动机仍以高速运转,进入气缸的空气量减少,进气管内的真空度增大。在化油器式汽油机供给系统中,粘附在进气管壁上的汽油,由于歧管内真空度急骤升高而蒸发后进入气缸,使混合气变浓,导致燃烧不完全,排气中HC的含量增加。而在EFI中,当节气门关闭而发动机转速超过预定转速时,喷油就会停止,使排气中HC的含量减少,并可降低燃油消耗。

三、电控燃油喷射系统的类型

（一）按喷射方式分类

燃油喷射系统可分为连续喷射方式和间歇喷射方式。连续喷射方式是指在发动机运转期间，汽油连续不断地喷射到进气道内，且大部分汽油是在进气门关闭时喷射的，因此大部分汽油在进气道内蒸发。除K型、KE型汽油喷射系统外，电控燃油喷射系统一般不采用此种喷射方式。间歇喷射方式是指在发动机运转期间，汽油间歇地喷入进气道或气缸内。目前应用广泛的电控燃油喷射系统，一般均采用间歇喷射方式。在采用间歇喷射方式的多点喷射系统中，按各缸喷油器的喷射顺序又可分为同时喷射、分组喷射和顺序喷射。

1. 同时喷射是将各缸的喷油器并联，在发动机运转期间，所有喷油器由电脑的同一个喷油指令控制，实现同时喷油、同时断油。采用此种喷射方式，对各缸而言，喷油时刻不可能都是最佳的，因此其性能较差，一般应用在部分缸数较少的四缸发动机上。采用同时喷射方式的电控燃油喷射系统，一般都是曲轴每转1圈各缸同时喷油1次，对每个气缸来说，每一次燃烧所需的供油量需要喷射两次，即曲轴每转1圈喷射1/2的油量。

2. 分组喷射是指将各缸的喷油器分成几组，它是同时喷射的变形方案，电脑向某组的喷油器发出喷油指令后，同一组的喷油器同时喷油和断油。

3. 顺序喷射是指各喷油器由电脑分别控制，按发动机各缸的工作顺序喷油。多缸发动机电控燃油喷射系统采用分组喷射或顺序喷射的多。

第五章　汽油机电控燃油喷射系统与维修

（二）按对空气量的计量方式分类

电控燃油喷射系统必须对进入气缸的空气量进行精确的计量，才能通过对喷油量的控制，实现对混合气浓度的高精度控制。按对空气量的计量方式不同，电控燃油喷射系统可分为D型和L型两种类型。

（三）按喷射位置分类

按喷射位置不同，目前汽车上应用的电控燃油喷射系统可分为单点喷射（SPI）系统和多点喷射（MPI）系统。

1. 多点喷射系统是在每缸进气门处装有1只喷油器，由电子控制单元（ECU）控制喷油。因此，多点喷射又称为多气门喷射。多点喷射系统的燃油分配均匀性好，进气管可按最大进气量来设计。同时，由于它直接控制空燃比，所以无论发动机处于冷态或热态，其过渡的响应及燃油经济性都是最佳的；但其控制系统比较复杂，成本较高，主要应用于对汽车性能要求较高的轿车上。

2. 单点喷射系统是在进气管节气门上方装一个中央喷射装置，用1~4只喷油器集中喷射。汽油喷入进气气流中，形成的可燃混合气由进气歧管分配到各气缸中。单点喷射又称为节气门体喷射（TBI）或中央喷射（CFI）。单点电控燃油喷射系统在每个气缸进气行程开始的时候喷油，采用的是顺序喷射方式，又称独立喷射方式。独立喷射可使燃油在进气管中滞留时间最短，从而使各缸得到燃油量尽可能一致。单点喷射系统与多点燃油喷射系统的控制原理相似，空气量可采用空气流量计直接计量，也可采用绝对压力传感器间接测量。单点喷射系统出现较晚，其性能介于多点喷射系统与化油器式供给系统之间。虽然单点喷射系统的性能比多点喷射系统差一些,但其结构简单、故障少、维修调整方便,且对发动机本身的改动较小,特别是批量生产后,其成本较低,仅略高于传统化油器的成本。目前,该系统在国外已广泛应用于普通轿车和货车。

(四)按有无反馈信号分类

电控燃油喷射系统按有无反馈信号可分为开环控制系统和闭环控制系统。

1. 开环控制系统(无氧传感器)。它是将通过实验确定的发动机各工况的最佳供油参数预先存入电脑,在发动机工作时,电脑根据系统中各传感器的输入信号,判断自身所处的运行工况,并计算出最佳供油量,经功率放大器控制喷油器的喷射时间,精确控制混合气的浓度,使发动机优化运行。开环控制系统按预先设定在电脑中的控制规律工作,只受发动机运行工况参数变化的控制,简单易行,但其精度直接依赖所设定的基准数据和喷油器调整标定的精度。

当喷油器及发动机的产品性能存在差异,或由于磨损等引起性能参数变化时,混合气就不能正确地保持在预定的浓度(空燃比)上。因此,开环控制系统对发动机及控制系统各组成部分的精度要求高,抗干扰能力差,当使用工况超出预定范围时,不能实现最佳控制。

2. 闭环控制系统(有氧传感器)。在该系统中,发动机排气管上加装了氧传感器,根据排气中含氧量的变化,测定实际进入气缸的混合气空燃比,再通过电脑与设定的目标空燃比值进行比较,并根据误差修正喷油器喷油量,使空燃

第五章 汽油机电控燃油喷射系统与维修

比保持在设定的目标值附近。

闭环控制系统可达到较高的空燃比精度，并可消除因产品差异和磨损等引起的性能变化，工作稳定性好，抗干扰能力强。但是，为了使排气净化达到最佳效果，只能运行在理论空燃比14.7附近。对起动、暖机、加速、怠速、满负荷等特殊工况，仍需采用开环控制，使喷油器按预先设定的加浓混合气配比工作，以满足特殊工况的工作要求。所以，目前普遍采用的是开环和闭环相结合的控制方案。

第二节 发动机控制的组成与基本原理

目前，汽车上广泛应用的是集中控制系统，发动机控制的内容主要包括电控燃油喷射控制、点火控制和其它辅助控制。

一、电控燃油喷射系统（EFI）

（一）EFI的控制功能

电控燃油喷射系统的功能是对喷油量、喷射定时、燃油停供及燃油泵进行控制。

1. 喷油量控制。电脑根据发动机进气量和发动机转速确定基本喷油量，并根据其它相关输入信号加以修正，最后确定总喷油量。喷油量的控制是通过对喷油器喷油时间的控制来实现的，因为当喷油器的结构和喷油压差一定时，喷油量的多少就取决于喷油时间。

喷油量控制是电控燃油喷射系统最主要的控制功能之一，其目的是使发动机在各种运行工况下，都能获得最佳的混合气浓度（空燃比为14.7），以提高发动机的动力性和经济性、降低排放污染。

2. 喷油定时控制。在间歇喷射系统中,电脑不仅要控制喷油量,还要根据发动机各缸工作循环,控制喷油开始时间。

3. 减速断油控制。汽车行驶中,驾驶员通过快收加速踏板使汽车减速时,电脑将会切断燃油喷射控制电路,停止喷油,以降低减速时HC及CO的排放量。当发动机转速降至特定转速时又恢复供油。

4. 限速断油控制。发动机加速时,发动机转速超过安全转速或汽车车速超过设定的最高车速时,电脑将切断燃油喷射控制电路,停止喷油,以防车辆超速。

5. 燃油泵控制。当点火开关打开后,电脑首先使汽油泵工作2~3S,以形成必须的油压。此时若不起动发动机,电脑将切断汽油泵控制电路,汽油泵停止工作。在发动机起动和运转过程中,电脑控制汽油泵保持正常工作。

（二）EFI的基本组成与基本原理

电控燃油喷射系统形式多样,但其组成基本相同,都是由3个子系统组成:进气系统、燃油系统和电子控制系统。

1. 进气系统。其功用是为发动机提供清洁的空气并控制发动机正常工作时的进气量。

发动机工作时,空气经空气滤清器过滤后,通过空气流量计（L型）、节气门体进入进气总管,再通过进气歧管分配给各缸。节气门体中装有节气门,用以控制进入发动机的空气量,进而控制发动机的输出功率（负荷）。在节气门体的外部装有与节气门并联的怠速控制阀（ISC阀）,当发

第五章 汽油机电控燃油喷射系统与维修

动机起动后的暖机过程,或空调压缩机工作、变速器挂入档位时部分空气绕过节气门经怠速控制阀进入进气管,以实现发动机快怠速运转。在L型电控燃油喷射系统中,流经怠速控制阀的空气首先经过空气流量计测量。而在D型喷射系统中,绝对压力传感器测量的是进气管内的压力,流经怠速控制阀的空气也在检测范围内。怠速控制阀一般由电脑ECU直接控制。

2. 燃油系统。燃油系统的功用是供给喷油器一定压力的燃油,喷油器则根据电脑指令喷油。电动燃油泵将汽油自油箱内吸出,经滤清器过滤后,由压力调节器调压,通过油管输送给喷油器,喷油器根据电脑指令向进气管喷油。燃油泵供给的多余汽油经回油管流回油箱。燃油泵一般装在油箱内。各缸喷油器和冷起动喷油器由电脑控制,冷起动喷油器安装在进气总管上,仅在发动机低温起动时喷油,用于改善发动机的低温起动性能。

3. 控制系统。任何一种电子控制系统,其组成元件都可包括信号输入装置、电子控制单元(电脑ECU)和执行机构3类。电子控制系统中的信号输入装置是各种传感器。传感器的功用是采集控制系统所需的信号,并将信号转换成电信号后通过线路输送给ECU。在汽车集中控制系统中,同一传感器的信号,可应用于需要此信号的不同功能的子控制系统。不同发动机的控制系统使用的传感器种类也不完全相同。电子控制单元(ECU)是一种综合控制电子装置,其功用是给各传感器提供参考(基准)电压,接受传感器或其他装置输入的电信号,并对所接受的信号进行存储、计算和分析处理，并根据计算和分析的结果向执行机构发出指令。

执行机构是受ECU控制，并具体执行某项控制功能的装置。在发动机集中控制系统中，执行机构主要有：喷油器、点火控制器（点火模块）、怠速控制阀、EGR阀、进气控制阀、二次空气喷射阀、活性炭罐排泄电磁阀、车速控制电磁阀、油泵继电器、风扇继电器、空调压缩机继电器、自动变速器档位电磁阀、增压器释压电磁阀、自诊断显示与报警装置、仪表显示器等。随着控制功能的增加，执行器也将相应增加。在电控燃油喷射系统中，喷油量控制是最基本也是最重要的控制内容，ECU根据空气流量信号（MAP或MAF）和发动机转速信号（Ne）确定基本的喷油时间（喷油量），再根据其它传感器（如水温传感器、节气门位置传感器等）信号对喷油时间进行修正，并按最后确定的总喷油时间向喷油器发出指令，使喷油器喷油（通电）或断油（断电）。

二、怠速控制系统（ISC）

怠速控制系统是发动机辅助控制系统，其功用是在发动机工作时，电脑根据发动机冷却水温、空调压缩机是否工作、变速器是否挂入档位等，通过怠速控制阀实现对发动机怠速的控制。

额外负荷传感器：包括检测空调系统是否工作的空调开关、检测自动变速器换档手柄位置的空档起动开关、检测动力转向工作状态的动力转向开关等。ECU根据各种传感器的输入信号确定一个怠速运转的目标转速，并与实际转速进行比较，根据比较结果控制怠速控制阀的开度，以调节流经怠速控制阀的空气量，使发动机的怠速转速达到所需要的目标

第五章 汽油机电控燃油喷射系统与维修

转速。

三、电控点火系统

其功能包括点火提前角控制、通电时间控制和爆震控制，具体内容不在本书中讲述。

四、排放控制系统

其功能主要是对发动机排放控制装置的工作施行电子控制。

五、进气控制系统

进气控制系统的功用是根据发动机转速和负荷的变化，对发动机的进气进行控制，以改变发动机的进气流量或提高发动机的充气效率，从而改善发动机动力性。

六、增压控制系统

增压控制系统的功用是对发动机进气增压装置的工作进行控制。在装有废气涡轮增压装置的汽车上，ECU根据检测到的进气管压力，通过电磁阀控制流经增压装置的废气通道，从而控制增压装置是否工作。

七、自我诊断系统

在发动机控制系统中，电子控制单元（ECU）都具有自我诊断功能，对控制系统各部分的工作情况进行监测。当ECU检测到来自传感器或执行机构的故障信号时，立即点亮仪表盘上的故障灯，以提示驾驶员发动机有故障；同时，系统将故障信息以设定的数码（故障码）形式储存在存储器中，以便帮助维修人员确定故障类型和范围。对车辆进行维修时，维修人员可通过特定的操作程序（有些需借助专用设备）调取故障码。故障排除后，必须通过特定的操作程序清除故障码，以免与新的故障信息混杂，给故障诊断带来困难。ECU工作时，不断收到各种传感器输入的信号，也不断向执行机构输出指令信号，自我诊断系统就是根据这些信号来判断系统有无故障的。若某一信号超出正常范围，或收不到某一信号，或某一信号在一定时间内不发生变化，ECU均判定为故障信号；故障信号持续出现超过一定时间或多次出现，ECU即判定为故障。由此可见，自我诊断系统是根据ECU的输入或输出信号来判定系统故障的，在进行故障诊断时，如果调取的故障码指示为某一传感器或执行机构有故障，不仅应对该传感器或执行机构进行检查，还应检查相关的线路。

注意事项：不同车型故障码有不同的调取和清除方法，故障码的含义也不同，常见车型故障码含义及调取与清除方法将在本章第八节介绍。点火开关接通，发动机起动前或起动后的短时间内，"故障灯"点亮是正常现象，但起动后几秒钟或发动机达到一定转速（一般为500r/min）后，"故障灯"应熄灭。

八、失效保护系统

失效保护系统的功用主要是当传感器或传感器线路发生故障时，控制系统自动按电脑中预先设定的参考信号值工作，以便发动机能继续运转。如：水温传感器电路有故障时，可能会向ECU输入低于－50℃或高于139℃的水温信号，失效保护系统将自动按设定的标准水温信号（80℃）控制发动机工作，否则会引起混合气过浓或过稀，导致发动机不能工作。此外，当对发动机工作影响较大的传感器或电路发生故障时，失效保护系统则会自动停止发动机工作，如：ECU收不到点火控制器返回的点火确认信号时，失效保护系统则立即停止燃油喷射，以防大量燃油进入气缸而不能点火工作。

九、应急备用系统

应急备用系统又称"回家系统"，其功用是当控制系统电脑发生故障时，自动启用备用系统（备用集成电路），按设定的信号控制发动机转入强制运转状态，以防车辆停驶在路途中。应急备用系统只能维持发动机运转的基本功能，不能保证发动机性能。

第三节 进气系统的构造与维修

一、进气系统的组成元件

电控燃油喷射发动机进气系统的基本组成元件包括空气滤清器、节气门体和进气管，发动机怠速控制系统的执行机构元件和进气温度传感器、节气门位置传感器、进气管绝对压力传感器（D型）或空气流量计（L型）也安装在进气系统中。在部分电控燃油喷射发动机的进气系统中，还装有进气控制系统和增压控制系统的执行机构元件。

（一）D型EFI进气系统

D型喷射系统由于没有空气流量计，其进气系统结构简单，应用比较广泛，如美国克莱斯勒车系的切诺基（北京组装）、美国通用车系柯西嘉、本田雅阁、日本丰田皇冠等车的多点电控燃油喷射系统。

（二）L型EFI进气系统

L型喷射系统对空气量的测量更精确，应用也比较广泛，如日本丰田凌志LS400和ES300、美国福特车系的林肯和天霸、美国通用车系的鲁米娜旅行车等均装用L型电控燃油喷射系统。

二、进气系统基本元件的构造

（一）空气滤清器

电控燃油喷射发动机装用的空气滤清器一般都是干式纸质滤芯式，其结构原理见本书"第四章"相关内容。

（二）节气门体

节气门体安装在进气管中，用以控制发动机正常运行工况下的进气量。节气门体主要由节气门和怠速空气道等组成。由于电控燃油喷射发动机怠速运转时，一般将节气门完全关闭，所以专门设有怠速空气道，以供给发动机怠速时所需的空气。怠速空气道由ECU通过怠速控制阀控制。

（三）进气管

在多点电控燃油喷射式发动机上，为了消除进气波动和保证各缸进气均匀，对进气总管和进气歧管的形状、容积都有严格的要求，每个气缸必须有一个单独的进气歧管。有些发动机的进气总管与进气歧管制成一体，有些则是分开制造再用螺栓连接。在采用单点燃油喷射系统的发动机上，由于喷油器安装在节气门体上，进气管与化油器式发动机进气管的要求和结构基本相同。

三、进气系统的维修

进气系统的基本组成元件工作可靠性都比较高，一般很

第五章 汽油机电控燃油喷射系统与维修

少发生故障，但在汽车维修时，应注意对其进行以下检查：

（一）检查空气滤清器滤芯是否脏污，必要时进行清理或更换。

（二）进气系统漏气对燃油喷射发动机的影响比对化油器式发动机的影响更大。检查各连接部位是否连接可靠，密封垫是否完好。

（三）检查节气门体内腔的积垢和结胶情况，必要时用化油器清洗剂进行清洗。尤其注意节气门体的密封部位，绝对不允许用砂纸或刮刀等清理积垢和结胶，以免损伤内腔，导致节气门关闭不严或改变怠速空气道尺寸，影响发动机正常工作。

第四节　燃油系统的构造与维修

一、燃油系统的组成

各种车型的燃油系统基本相同，都是由电动燃油泵、燃油滤清器、燃油压力调节器、脉动阻尼器及油管等组成。

二、电动燃油泵的构造与维修

（一）电动燃油泵的构造

在电控燃油喷射系统中，电动燃油泵按安装位置可分为两种：一种是安装在油箱外部的外置式燃油泵，另一种是安装在油箱内的内置式燃油泵。内置式燃油泵具有噪声小、不易产生气阻、不易泄漏等优点，应用更为广泛。它主要由油泵电机、叶轮泵、出油阀、卸压阀等组成，叶轮泵则主要由叶轮、叶片、泵壳体和泵盖组成。油泵进油口装有滤网，油箱内的燃油首先经过滤网初步过滤，再由进油口进入油泵内的进油室；油泵电机通电时，电机带动叶轮旋转，在离心力作用下，使叶片贴紧泵壳体，将燃油经窄小的缝隙驱至出油室从而加压，加压后的燃油顶开装在出油口处的出油阀输入油管。

燃油泵工作时，燃油流经油泵内腔，对油泵电机起到冷却和润滑的作用。油泵不工作时，出油阀关闭，使油管内保持一定的残余压力，以便于发动机起动和防止气阻产生。卸压阀安装在进油室和出油室之间，当油泵输出油压达到0.4MPa时，卸压阀开启，使油泵内的进、出油室连通，油泵工作只能使燃油在其内部循环，以防止输油压力过高。

（二）燃油泵控制电路

各种车型采用的燃油泵控制电路也不同，但主要分为以下3种类型：

1. ECU控制的燃油泵控制电路。此种控制电路主要应用在装用D型和装用热线式或卡门旋涡式空气流量计的L型电控燃油喷射系统中。

2. 油泵开关控制的燃油泵控制电路。此种控制电路主要应用于装用叶片式空气流量计的L型EFI中。

（三）燃油泵的就车检查

1. 用专用导线将故障诊断座上的燃油泵测试端子跨接到12V电源上，如：丰田车系故障诊断座上有电源端子"＋B"，将其与燃油泵测试端子"FP"跨接即可。或者拆开电动燃油泵的线束连接器，直接用蓄电池给燃油泵通电。

2. 将点火开关转至"ON"位置，但不要起动发动机。

第五章　汽油机电控燃油喷射系统与维修

3．拧开油箱盖，应能听到燃油泵工作的声音，或用手捏进油软管，应感觉有压力。

4．若听不到燃油泵工作的声音或进油管无压力，应检修或更换燃油泵。

5．若燃油泵出现不工作故障，但按上述方法检查正常，应检查燃油泵电路导线、继电器、易熔线和保险丝有无断路。电控燃油喷射系统的电动燃油泵，通常在点火开关关闭10s以上再打开（不起动发动机），或关闭点火开关使发动机熄火，都会提前或延长工作2～3s。若燃油泵及其电路无故障，在此情况下，在油箱处仔细听，均能听到电动燃油泵工作的声音。

（四）燃油泵的拆装与检验

多数轿车的电动燃油泵，可在打开汽车后备箱盖或翻开后座垫后，从油箱上直接拆出，但也有些轿车，必须将油箱从车上拆下，才能拆卸燃油泵。拆卸燃油泵时应释放燃油系统压力，并关闭用电设备。拆下燃油泵后，测量燃油泵两端子之间电阻，应为2～3Ω。用蓄电池直接给燃油泵通电，应能听到油泵电机高速旋转的声音。注意：通电时间不能过长。

三、燃油滤清器的构造与维修

燃油滤清器安装在燃油泵之后的高压油路中，其功用是滤除燃油中的杂质和水分，防止燃油系统堵塞，减小机械磨损，保证发动机正常工作。

四、脉动阻尼器的构造与维修

部分电控燃油喷射式发动机的燃油系统中，在输油管的一端装有脉动阻尼器，其功用是衰减喷油器喷油时引起的燃油压力脉动。主要由膜片和膜片弹簧等组成。发动机工作时，燃油经过脉动阻尼器膜片下方进入输油管，当燃油压力产生脉动时，膜片弹簧被压缩或伸张，从而衰减燃油压力的脉动。脉动阻尼器一般不会发生故障。需进行拆卸时，应首先释放燃油系统压力。

五、燃油压力调节器的构造与维修

喷油器的喷油量取决于喷油器的流通截面、喷油时间和喷油压差。在电控燃油喷射系统中，ECU通过控制喷油器的通电时间（即喷油时间）来实现对喷油量的控制。因此，在喷油器的结构尺寸一定时，要实现燃油喷射量的精确控制，必须保持恒定的喷油压差。喷油压差是指输油管内燃油压力与进气管内气体压力的差值。喷油器将燃油喷入进气管内，而随发动机转速和负荷的变化，进气管内的压力是变化的。要保持恒定的喷油压差，必须根据进气管内压力的变化来调节燃油压力。

第五节　控制系统的构造与维修

一、传感器的构造与维修

（一）空气流量计（MAF）

在L型电控燃油喷射系统中，由空气流量计测量发动机的进气量，并将信号输入ECU，作为燃油喷射和点火控制的主控制信号。根据空气流量计测量原理不同，空气流量计可分为叶片式、热线式和卡门旋涡式3种类型。空气流量计是

第五章 汽油机电控燃油喷射系统与维修

EFI最重要的传感器,在维修和检查时,应特别注意,切忌碰撞,不要让污物进入流量计内,也不能随意将手或工具伸入流量计内,以免造成流量计损坏,影响其测量精度。

1. 叶片式空气流量计。它是一种传统的、目前仍广泛应用的空气流量计,德国汽车多数都采用此种空气流量计,日本丰田轿车也多数采用此种空气流量计。将测量叶片和缓冲叶片制成一体,安装在空气流量计壳体内的转轴上,转轴的一端装有回位弹簧,电位计安装在空气流量计壳体的上方,电位计与测量叶片为同轴结构。

叶片式空气流量计基于力学原理对发动机进气量进行测量。发动机工作时,进气流推动测量叶片转动,同时带动电位计滑动臂转动,使电位计"VC"与"VS"之间的可变电阻值发生变化,电压US也同时发生变化;当进气压力与测量叶片回位弹簧的弹力平衡时,测量叶片即停止在某一位置,使电位计"VC"与"VS"之间的电阻产生固定值,电压US也产生一个相应的固定值,电位计将此位置产生的电压信号输送到ECU,从而感知发动机进气量的大小。

进气温度传感器安装在空气流量计中主空气通道的进气口处。由于空气密度随其温度和压力而变化,所以ECU必须根据进气温度信号对空气流量计信号进行修正,从而确定实际进气量。在流量计内还设有缓冲室和缓冲叶片,其功用是利用缓冲室内的空气对缓冲板的阻尼作用,减小发动机进气量急剧变化时引起的测量叶片脉动,以提高空气流量计的测量精度。可以用它来调节发动机怠速时的混合气浓度。空气流量计内的主空气道与怠速空气道之间用一活动板隔开,当调整螺钉向外旋出时，怠速空气道截面积增大，而测量叶片与活动板间隙减小，所以流经怠速空气道的空气量增加，流经测量叶片的空气量减少，这样进入发动机的总空气量保持不变，但由于空气流量计测量到的空气量减少，使喷油量相应减少，所以怠速时的混合气变稀。反之，将调整螺钉旋入，怠速时的混合气变浓。

部分车型的叶片式空气流量计，装有燃油泵控制开关，用来控制燃油泵电路。带燃油泵控制开关的叶片式空气流量计线束连接器有7个端子，其中的3个端子与空气流量计电位计连接，2个与进气温度传感器连接，另外2个则与燃油泵控制开关连接。不同车型的叶片式空气流量计，线束连接器端子名称也不同。

叶片式空气流量计，在使用中，拆开线对叶片式空气流量计，在使用中，拆开线束连接器，在空气流量计一侧测量相应端子之间的电阻，数值应符合原车标准，否则应更换空气流量计。

2. 热线式空气流量计。热线式空气流量计的主要元件是热线电阻，根据热线的安装位置不同可分为3种类型：第一种是将热线和进气温度传感器安装在主进气道中，叫作主流测量方式的热线式空气流量计；第二种是将热线和进气温度传感器安装在旁通气道中，叫作旁通测量方式的热线式空气流量计；第三种是热膜式空气流量计，其结构和测量元件安装位置与第一种相似，不同的是前两种流量计采用以铂丝制成的热线电阻，热膜式空气流量计不采用价格昂贵的铂丝热线，且将热线电阻、补偿电阻等镀在陶瓷片上，制造成本

第五章 汽油机电控燃油喷射系统与维修

较低,使用寿命较长。

(二)进气管绝对压力传感器(IMAPS)

在D型电控燃油喷射系统中,由进气管绝对压力传感器测量进气管压力,并将信号输入ECU,作为燃油喷射和点火控制的主控制信号。它主要由绝对真空室、硅片和IC放大电路组成。硅片的一侧是真空室,而另一侧承受进气管内的压力,在此压力作用下使硅片产生变形。由于真空室的压力是固定的(绝对压力为零),进气管绝对压力变化时,硅片的变形量不同。硅片是一个压力转换元件(压敏电阻),其电阻值随其变形量而变化,并导致硅片所处的电桥电路输出电压发生变化,电桥电路输出的电压(很小)经IC放大、电路放大后输送给ECU。

(三)节气门位置传感器(TPS)

节气门位置传感器用于检测节气门的开度及开度变化,如全关(怠速)、全开及节气开闭的速率(单位时间内开闭的角度)信号,将此信号输入ECU,用于控制燃油喷射及其它辅助控制(如EGR、开闭环控制等)。节气门位置传感器安装在节气门体上,由节气门轴驱动,可分为电位计式、触点式和综合式3种。

1. 电位计式节气门位置传感器。此类型的节气门位置传感器是一个由节气门轴驱动的电位计,韩国大宇轿车装用的节气门位置传感器,其工作原理与叶片式空气流量计类似。ECU通过端子A为传感器提供5V标准电压,节气门位置信号通过端子B输送给ECU,端子C搭铁。电位计式节气门位置传感器输出的电压信号:节气门全关时应约为0.5V,随着节气门开度的增大，输出的信号电压增加，节气门全开时应约为5V。

2. 触点式节气门位置传感器。此传感器主要由一个可动触点和两个固定触点组成，日本日产公爵轿车装用的触点式节气门位置传感器，可动触点随节气门轴一起转动，活动触点在节气门全关（怠速）时与怠速固定触点闭合。而在节气门接近全开时与全开触点闭合。节气门开度在中间位置时，活动触点与两个固定触点均断开。ECU根据触点的闭合情况确定发动机处于怠速、中等负荷或全负荷工况。

（四）进气温度传感器（IATS）

除采用热线式空气流量计的EFI外，D型和采用其它空气流量计的L型EFI都不能直接测量发动机的实际进气量（质量），因为进气温度影响实际进气量。进气温度传感器的功用就是给ECU提供进气温度信号，作为燃油喷射和点火正时控制的修正信号。

（五）水温传感器（ECTS）

水温度传感器给ECU提供发动机冷却水温度信号，作为燃油喷射和点火正时控制的修正信号。水温传感器信号也是其它控制系统（如EGR等）的控制信号。水温传感器一般安装在气缸体水道上或冷却水出口处。水温传感器的结构和电路工作原理与进气温度传感器相同。同一车型装用的水温传感器与进气温度传感器特性一般完全相同。

（六）凸轮轴／曲轴位置传感器（CPS）

凸轮轴位置传感器（CMPS）为ECU提供曲轴转角基准位置（一缸压缩上止点）信号，作为燃油喷射控制和点火控

第五章 汽油机电控燃油喷射系统与维修

制的主控制信号。曲轴位置传感器（CKPS）有时被称为转速传感器，用来检测曲轴转角位移，为ECU提供发动机转速信号和曲轴转角（活塞位置）信号，作为燃油喷射和点火控制的主控制信号。空气流量计只能检测单位时间内的进气量，ECU必须根据发动机转速确定每循环进气量，以便实现对每循环混合气浓度的精确控制。同时，ECU根据曲轴转角和曲轴转角基准位置最终确定各缸工作位置，以控制最佳的点火提前角。ECU根据各缸位置来确定采用顺序喷射的喷油顺序还是间歇喷射的喷油时刻。

（七）车速传感器（VS）

车速传感器用于检测汽车的行驶速度，并为ECU提供车速信号（SPD信号），从而实现限速断油控制。在汽车集中控制系统中，它也是自动变速器的主控制信号。车速传感器通常安装在组合仪表内或变速器输出轴上。车速传感器有舌簧开关式和光电式两种类型。光电式车速传感器的结构原理与光电式曲轴／凸轮轴位置传感器类似，在此不再赘述。

（八）爆震传感器（KS）

爆震传感器的功用是将汽油机爆震燃烧时传到缸体上的机械振动转换成电信号，并输入ECU作为点火控制的主信号。爆震传感器通常安装在气缸体上，利用压电元件检测汽油机的爆震强度。爆震传感器可分为3种类型：共振型、非共振型和火花塞金属垫型。非共振型传感器是用压电元件直接检测爆震信息，并将爆震压力转换成电信号输送给ECU。共振型传感器是由振子与汽油机爆震几乎具有相同共振频率和能够检测振子振动压力的压电元件构成，压电元件将振动压力转换成电信号输送给ECU。火花塞金属垫型是将压电元件安装在火花塞的垫圈处，每缸安装一个，根据各缸的燃烧压力直接检测各缸的爆震信息，并转换成电信号输送给ECU。维修时，拆开爆震传感器线速连接器，在传感器侧进行检查，传感器端子与传感器壳体之间应不导通，否则说明内部短路，应更换传感器。爆震传感器工作状况的检查，一般可用一只合格的传感器替代原传感器，若故障现象消失，则说明原传感器不良，应更换新件。

二、电子控制单元（ECU）的控制原理与维修

（一）ECU的基本功能

ECU是发动机控制系统的核心，其功用是按照一定的程序对各种输入信号进行运算、储存、分析处理，然后输出指令，控制相关执行机构工作，以达到快速、准确、自动控制发动机工作的目的。ECU的控制功能因车型而异，但都有如下基本功能：

1. 给传感器提供标准2V、5V、9V或12V电压，接收各种传感器和其它装置输入的信息，并将输入的信息转换成微机所能接受的信号。

2. 储存该车型的特征参数和运算中的有关数据信息。

3. 确定输出指令所需的程序，并根据输入信号和相关程序计算输出指令数值。

4. 将输入信号和输出指令信号与标准值进行比较，确定并储存故障信息。

5. 向执行机构输出指令，或根据指令输出自身储存的信息（如故障信息等）。

第五章 汽油机电控燃油喷射系统与维修

(二) 燃油喷射控制基本原理

电控燃油喷射系统的功用是根据发动机的工作需要,定时、定量的将燃油喷入进气管,使发动机保持良好的动力性、经济性、响应性和排气净化性。燃油喷射控制系统主要是控制喷油正时和喷油量。

1. 喷油正时控制。喷油正时可用喷油器的喷油时刻相对活塞上下止点的曲轴转角来表示,在采用间歇喷射方式的电控燃油喷射系统中,ECU必须对喷油时刻进行控制。在电控燃油喷射系统中,除特殊工况(起动或加速)外,均应在固定的曲轴转角(活塞位置)处喷油,具体的喷油位置因发动机采用的喷射方式不同而异。发动机工作时,ECU根据凸轮轴/曲轴位置传感器信号分析判断各缸的位置,并确定准确的喷油时刻。

2. 正常运转时的喷油量控制。在目标空燃比(一般为理论空燃比14.7)一定时,发动机每工作循环所需的燃油量取决于每循环进气量,而每循环进气量可根据发动机转速和进气管绝对压力或空气流量计测量的空气量来确定。此外,由于在燃油系统中设有燃油压力调节器,保证喷油器的喷油压差保持恒定,因此在喷油器结构尺寸一定时,喷油量与喷油时间成正比。由以上分析可知,当发动机转速一定,空气流量计测得的空气量或进气管绝对压力一定时,必然有一个固定的喷油时间,此喷油时间为基本喷油时间。发动机工作时,除起动和加速工况外,ECU首先根据接收到的发动机转速和空气流量计(或进气管绝对压力)信号确定一个基本喷油时间。

3. 电子控制单元的维修。在维修中如果怀疑ECU有故障，可通过检测ECU各端子的工作参数并与标准进行比较，最好的方法是用一个已知无故障的ECU替代，若故障现象消失，说明原ECU有故障。ECU发生故障一般无法修理，必须更换。

第六节 辅助控制系统的构造与维修

一、怠速控制系统

（一）怠速控制基本原理

由于早期的发动机控制系统没有怠速控制功能，发动机的怠速是通过怠速调整螺钉和空气阀来控制的。怠速调整螺钉用于手动调节控制节气门体内的怠速空气道开度，以改变发动机正常怠速时的进气量，从而调整发动机的怠速转速。怠速空气阀控制另一条怠速空气道（即在此类型的节气门体上设有两条怠速空气道），当发动机温度较低时，空气阀开启，增加怠速进气量，实现发动机快怠速运转，缩短暖机时间。

现代汽车的控制系统一般都有怠速控制功能，怠速控制系统的执行机构元件是怠速控制阀，目前应用比较广泛的怠速控制阀主要有两种：步进电机型和旋转电磁阀型。怠速控制阀安装在节气门体上，ECU控制怠速控制阀工作，从而控制怠速空气道开度。发动机怠速运转时，节气门处于完全关闭状态，空气主要由怠速空气道供给，经空气流量计或进气管绝对压力传感器计量后，由ECU控制喷油量。为保证发

第五章 汽油机电控燃油喷射系统与维修

动机怠速稳定运转,怠速时供给的空气量由ECU根据冷却水温、发动机转速、起动开关、空调开关、动力转向开关等传感器信号,通过怠速控制阀进行控制。ECU根据节气门位置和车速信号确定发动机处于怠速工况时,首先根据各种传感器信号确定一个目标转速,将目标转速与发动机实际转速进行比较,根据比较结果控制怠速空气量,从而使发动机转速接近目标转速。ECU确定的目标转速主要与冷却水温和发动机负荷有关,如:水温低时,选择较高的目标转速,以缩短暖机时间;发动机低怠速运转时,若开空调或使用动力转向等使发动机负荷增加时,ECU提高目标转速,以实现发动机高怠速运转。

（二）步进电机型怠速控制阀

步进电机型怠速控制阀的结构,转子和定子线圈构成步进电机,蜗轮蜗杆机构将电机的旋转运动转变为阀杆的直线运动,阀随阀杆的直线运动可改变阀与阀座之间的间隙,从而改变怠速空气供给量。步进电机与普通电机的工作原理相似,只是步进电机可沿正反方向任意转动,且每转动"一步"的角度（1/32转,约11°）是固定的,这样通过对步进电机旋转方向和转动"步数"的控制,即可使怠速控制在160次/s。

步进电机的转子用永久磁铁制成16个磁极,而定子是由两个带16个齿的铁心交错装配在一起,每个铁心上绕有两组线圈,两组线圈的绕制方向相反,ECU通过改变4个线圈的通电顺序来控制电机的转动方向,通过控制通电时间来控制电机转过的角度。

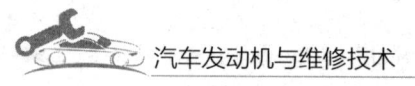

（三）旋转电磁阀型怠速控制阀

旋转电磁阀型怠速控制阀的结构。阀安装在阀轴的中部，阀轴的末端装有圆柱形的永久磁铁，两个线圈及其铁心装在永久磁铁对应的圆周位置上。发动机工作时，ECU收到来自各传感器的信号，经过计算和分析后，发出指令使两线圈通电或断电。当两个线圈的通电时间相同时，由于两个线圈产生的磁场强度相同，两磁场与永久磁铁产生的相互作用力也相等，所以圆柱形永久磁铁和阀轴不能转动，阀保持在某一开度位置不动；当两个线圈的通电时间不等时，各自产生的磁场强度也不同，两个磁场与圆柱形永久磁铁的磁场相互作用，使阀轴带动阀偏转，从而改变怠速空气道（旁通口）的开度，以调节发动机怠速时的进气量。

二、进气控制系统

发动机工作中，进气管内的气体经进气门高速流入气缸，当进气门关闭时，由于气体流动惯性使进气门附近的气体受到压缩而压力增高；随后，进气门附近被压缩的气体膨胀而流向与进气相反的方向，压力下降；膨胀的气体流动到进气管口时又被反射回来，这样在进气管内即产生了压力波。在某些电控燃油喷射发动机上，即利用了进气管内的压力波与进气门的开启配合，当进气门开启时，使反射回来的压力波正好传到该气门附近，从而形成进气增压的效果，提高了发动机的充气效率。

有些发动机上，在进气管内设一动力阀，与节气门工作原理相似，动力阀的开闭可改变进气管内的进气通道大小，

第五章 汽油机电控燃油喷射系统与维修

从而改变发动机进气量,改善发动机动力性能。动力阀的控制原理与前述进气控制阀基本相同,动力阀受膜片式真空气室驱动,ECU通过电磁真空开关阀控制真空气室的真空通道,区别在于ECU是根据发动机负荷信号控制动力阀开闭。当发动机负荷较小时,动力阀关闭,进气通道变小,发动机输出小功率;当发动机负荷较大时,动力阀开启,进气通道变大,发动机输出大功率。

三、自我诊断系统

发动机工作中,ECU的自我诊断系统检测到故障信息时,立即点亮"故障灯",并将故障信息以故障码的形式储存到存储器中。而且有些汽车故障码,是通过特定的程序根据"故障灯"的闪烁次数来读取的。日本丰田车系故障灯控制电路,经点火开关和保险丝给故障灯提供电源,ECU通过端子W控制故障灯搭铁回路。自我诊断系统只能根据输入或输出的信号确定有无故障,并不能确定具体故障部位。因此,在调取故障码后,不仅应按故障码提示检查相关的传感器或执行机构元件有无故障,还应检查相关电路是否有故障。必要时还应检查发动机ECU是否有故障。

第七节 电控燃油喷射发动机的故障诊断

一、故障诊断基本方法

(一)故障诊断基本程序

电控燃油喷射发动机发生故障时,可按基本程序进行诊断:

1. 向车主调查。向车主了解故障发生的时间、现象、故障发生前后的情况，近期检修情况等非常必要，尽管有些车主的描述不够清楚，但通过对车主提供的信息认真分析，对迅速诊断故障都会有或多或少的帮助。

2. 外部检查。其目的是排除一般性的故障成因，避免走弯路。外部检查的主要内容包括：检查各真空软管是否损坏、连接是否错误、是否堵塞，检查各线束连接器是否连接可靠，检查发动机有无明显的漏油、漏气或外部损伤等。

3. 调取故障码。如果"故障灯"亮，按规定程序调取故障码，并按故障码提示对相关传感器或执行机构及其电路进行检查。在车辆使用中，如果故障现象时隐时现，而且有故障码，但按故障码提示又检查不出故障原因，应按间歇性故障进行诊断。在车辆使用中，如果故障症状明显，"故障灯"不亮，调取故障码时显示正常码，应按无故障码进行故障诊断。

（二）故障码的调取方法

故障码的调取方法可分两种：一是利用专用的电脑故障诊断仪（解码器）调取故障码，二是利用电控燃油喷射系统的故障自我诊断接口（故障诊断座）调取故障码。

1. 利用电脑故障诊断仪调取故障码。如美国OTC公司的解码器等，具有世界各大汽车公司各种车型的诊断接口和诊断软件，只要将解码器与汽车上的诊断接口对接，操纵解码器选择与被检汽车相应的车型、年代和诊断类型，即可通过解码器获得故障码及故障部位、原因，并可给予检修指导。这种方法速度快、准确率高，对维修人员理论水平要求

第五章 汽油机电控燃油喷射系统与维修

不高,其缺点是需要的投资较大,诊断软件必须随车型而更新。

2. 利用车上的故障诊断座调取故障码。按各公司规定的操作程序,通过仪表盘上的"故障灯"或电脑盒上的故障码显示灯的闪烁次数等来读取故障码,再通过查故障码表即可得知故障部位和原因。这种方法不需仪器,应用比较广泛,其缺点是必须有被检车辆的维修资料,包括调取故障码的操作程序和故障码含义等,否则无法进行故障诊断和检修。

有些车也可按规定程序,将指针式电压表或二极管灯(自制二极管灯与330Ω电阻串联电路)连接到诊断座上,根据电压表指针摆动次数或二极管灯闪烁次数读取故障码。

(三) 间歇性故障的诊断

间歇性故障是指受外界因素(如温度、受潮、振动等)影响而有时存在、有时又自动消失的故障。由于此类故障无明显的故障现象,诊断比较困难,一般需模拟车主陈述故障出现时的条件和环境,使故障再现,以便根据故障现象查明故障原因。

1. 振动法。控制系统线路接触不良或元件安装不牢固等引发的故障,受振动的影响往往会使故障现象时隐时现。遇此类故障可使发动机维持怠速运转,在水平和垂直方向摇动线束或线束连接器,用手轻拍装有传感器的部件,观察发动机故障是否再现,如果故障出现,说明摇动的线路或轻拍部位的传感器有故障。

2. 加热法。如果故障只在热机时出现,可用电吹风加热怀疑有故障的元件，加热某元件时故障再现，说明该元件有故障。注意：加热温度应不超过60℃，且不能对ECU中的元件直接加热。

3．水淋法。如果故障只在雨天、洗车后或高湿度环境下出现，可用水喷淋车辆使故障再现，以便根据故障现象分析判断故障原因。注意：不能用水直接喷淋电控系统元件，而应将水喷淋在发动机散热器前面，间接改变发动机罩内的湿度。

4．电器全部接通法。如果怀疑因用电负荷过大而引起故障，可接通全部用电设备，检查故障是否再现。

5．道路试验法。有些故障只在特定的行驶状态下出现，所以必须通过道路试验使故障再现，以便查明故障原因。间歇性故障一般不会长时间出现，所以在故障诊断时，用上述方法使故障再现后，应抓住时机，根据故障码提示和故障现象迅速对故障进行诊断。

二、故障诊断顺序

在对电控燃油喷射发动机进行故障诊断时，如果按故障码提示或无故障码时不能查明故障原因，则可根据故障现象按故障诊断顺序进行检查。如：故障现象为起动发动机时，曲轴不能转动而导致发动机不能起动，按故障诊断顺序表诊断时，第一步应检查起动系统，第二步检查防盗ECU，第三步检查EFI主继电器电源。如果发生故障的汽车没有装防盗系统，则将第二步检查跳过即可。

第六章

冷却系与维修

第一节 冷却系的功用与组成

一、冷却系的功用

发动机工作时,气缸内的气体温度可高达2200~2800K,若不及时冷却,会使发动机零部件温度升高,尤其是直接与高温气体接触的零件,会因受热膨胀影响正常的配合间隙,导致运动件运动受阻甚至卡死。此外,高温还会导致发动机零部件的机械强度下降、润滑油失去作用等。发动机冷却系的功用就是对在高温条件下工作的发动机零件进行冷却,保证发动机在最适宜的温度下工作。发动机冷却系的冷却强度必须适宜,冷却不足会使发动机过热,冷却过度则会使发动机温度过低,发动机过热或温度过低均会影响其正常工作。目前,汽车上广泛应用的水冷式发动机正常工作温度(冷却水温度)一般为353~363K(80~90℃)。

二、冷却系的类型与组成

根据所用冷却介质不同,发动机冷却系可分为水冷式和风冷式两种类型。

（一）水冷却系

水冷却系是以水为冷却介质，靠冷却水的循环流动将高温机件的热量带走，而后再将热量散发到大气中。水套是直接铸造在气缸体和气缸盖内相互连通的空腔，水套通过橡胶软管与固定在发动机前端的散热器相连，形成封闭的冷却水循环空间，水泵安装在水套与散热器之间。发动机工作时，水套和散热器内充满冷却水，曲轴通过V形皮带驱动水泵工作，使冷却水在水套与散热器之间循环流动，冷却水流经气缸体和气缸盖内水套时带走发动机热量使发动机冷却，而流经散热器时将热量散发给大气。

风扇安装在水泵轴上，水泵工作时风扇转动产生强大的吸力，以增大流经散热器的空气流量和速度，加强散热器的散热效果。在一些发动机上，采用风扇离合器或电动风扇来控制风扇的工作状态，以根据发动机的工作情况调节冷却强度。百叶窗安装在散热器前面，由驾驶员控制其开度，以控制流经散热器的空气量，调节冷却强度。

节温器安装在水套出水口处，根据发动机工作温度，它可自动控制通向散热器和水泵的两个冷却水通路，以调节冷却强度。发动机工作温度低（70℃以下）时，节温器自动关闭通向散热器的通路，而开启通向水泵的通路，从水套流出的冷却水直接通过软管进入水泵，并经水泵送入水套再进行循环，由于冷却水不经散热器散热，可使发动机工作温度迅速升高，此循环路线称小循环。发动机工作温度高（80℃以上）时，节温器自动关闭通向水泵的通路，而开启通向散热器的通路，从水套流出的冷却水经散热器散热后再由水泵送入水套，提高了冷却强度，以防止发动机过热，此循环路线称大循环。发动机工作温度在70~80℃之间时，大、小循环同时存在，即部分冷却水进行大循环，而另一部分进行小循环。分水管为一扁平的长管，上面加工有若干出水口，离水泵越远出水口的尺寸越大，这样可保证发动机各缸冷却均匀。水温表设在仪表盘上，通过水温传感器检测并由水温表显示冷却水温度。

在不同发动机上，水冷却系的布置形式不完全相同。如：在一些轿车发动机上，利用冷却水控制怠速空气阀、EGR阀；在发动机横置的汽车上，散热器安装在发动机一侧，风扇不与水泵同轴，而采用电动风扇；在一些载货汽车上，驾驶室内利用冷却水冬季取暖等。这些发动机只是水冷却系的管路较复杂，基本组成与原理相同。

（二）风冷却系

风冷却系是利用高速流动的空气直接吹过气缸体和气缸盖外表面，使发动机冷却，以保证适宜的工作温度。

第二节 冷却系主要零部件的构造与维修

一、散热器的构造与维修

（一）散热器的构造

散热器的功用是将水套中流出的热水分成多股小水流，以便将热量散发到大气中。冷却水在散热器中的流动方向有些是自上而下竖向流动，有些是自左而右横向流动，其结构和原理相同。横流式散热器，主要由左（上）贮水室、进水管、散热器芯、散热器盖、右（下）贮水室和出水管组成。左贮水室通过橡胶软管与气缸盖上的水套出水管连接，右贮水室则通过橡胶软管与水泵进水口连接，两水室之间焊接有散热器芯。在散热器的顶部设有加水口，以便加注冷却水（液），在通常情况下用散热器盖封闭加水口。右贮水室的底部一般设有放水阀，必要时可以放出散热器内的冷却水（液）。

常用的散热器芯（芯片式）结构，由许多芯管和散热片组成。芯管为扁圆形直管，芯管两端分别与上、下贮水室焊接在一起，连通上、下贮水室之间的水路，冷却水流经散热器时被芯管分成许多小股水流。芯管周围的散热片不仅可以增加散热面积，而且可以提高散热器芯的刚度和强度。散热器盖上设有蒸汽阀和空气阀，以便保持冷却系内部的适当压力。当散热器内压力升高到一定值（一般为126~127KPa）时，蒸汽阀打开，使部分蒸汽排入大气，以免胀坏散热器。

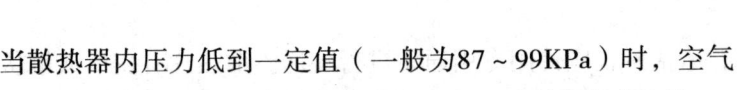

当散热器内压力低到一定值（一般为87～99KPa）时，空气阀打开，使空气进入散热器，防止大气压力将散热器压坏。

（二）散热器密封性检查

1．就车检查。出水管，并用膨胀式橡胶塞堵住管口，向散热器内加水至加水口下方10～20mm处，用专用手动打压器从加水口向散热器内部施加0.8KPa压力，在5min内打压器压力表上的指示压力应不下降，否则说明散热器有泄漏。

2．水槽检查。拆下散热器后，用膨胀式橡胶塞堵住进、出水管，从加水口向散热器内充入30～80KPa的压缩空气，将散热器浸入水槽，若有气泡冒出，说明散热器有泄漏。

（三）散热器芯管堵塞的检查

从加水口向散热器内加入热水，用手触试散热器芯管各处温度，若有温度不升高的部位，说明散热器芯管该部位堵塞。散热器芯管是否堵塞，也可拆下上贮水室，使用根据芯管尺寸和断面形状制造的专用通条来检查，所有芯管都不允许有堵塞现象，个别因中部堵塞而确实无法疏通者，允许不超过两根。散热器芯管若有压扁或通条不能通过时，应更换芯管。

（四）散热器盖的检查

使用专用手动打压器给散热器盖加压，当打压器上的压力表读数突然下降时，说明蒸汽阀打开。蒸汽阀的开启压力应符合规定。

（五）散热器的修理

散热器常见故障是因机械损伤、化学腐蚀、芯管堵塞等原因，导致泄漏、外观变形和散热性能下降。散热器芯管有堵塞时，应使用专用通条进行疏通。散热片有变形或倒伏时，应及时进行整形、扶正。散热器上、下贮水室若有凹陷变形时，可在凹陷处焊一钩环，拉平后再解焊。散热器泄漏一般发生在芯管与上、下贮水室的接合部，如果泄漏不十分严重，可用锡焊或粘接方法修复。在使用中，散热器最常见的故障是芯管损伤。芯管的修理方法主要有两种：

1. 接管法。用尖嘴钳拆去损坏的芯管上的散热片，剪下已损坏的一段芯管，从芯管的一端插入通条并使通条穿过剪去部分的上、下剪口，用尖嘴钳将上、下剪口整理平直；从废旧散热器上选取一根能使用的芯管拆下，剪取一段比剪除的损坏部分长约10mm的芯管作为接管，将接管两端稍微扩口并套接到需修理的芯管上，再插入通条将接口处整理平直；在接口处涂一层氧化锌铵溶液，用气焊加热，并用锡焊焊合接口；焊接修理后，应尽可能将散热片予以恢复和整理平直。

2. 换管法。将散热器夹装在专用修理架上，用通条插入需更换的芯管中并来回拉动，以清除芯管内的水垢；将电阻加热器插入需更换的芯管，给电阻加热器通直流电（24V）加热，通电约1min，加热器烧红后，芯管上的焊锡开始熔化，这时再用气焊将芯管上下地板连接处的焊锡加热使之熔化，当芯管分离松动后迅速切断电阻加热器电源，并趁热用手钳将芯管和电阻加热器一起抽出；清理各连接部位的污垢，将表面挂有焊锡的新散热器芯管（或从废旧散热器上拆下的、可以使用的芯管）插入芯管孔内，用焊锡将芯管焊牢，最后修整损坏的散热片。

二、水泵的构造与维修

（一）水泵的功用与基本原理

水泵的功用是对冷却水加压，使冷却水在冷却系内循环流动。汽车发动机上装用的都是离心式水泵，它具有体积小、出水量大、工作可靠等优点。叶轮固定在水泵轴上，水泵壳体安装在发动机缸体上。发动机工作时，冷却系内充满冷却水，曲轴通过皮带驱动水泵轴并带动叶轮转动，从而使水泵腔内的冷却水也一起转动。在离心力作用下，冷却水被甩向叶轮边缘，并经与叶轮成切线方向的出水口泵出。同时，叶轮中心部位形成一定的真空，将散热器内的冷却水经进水口吸入泵腔，使整个冷却系内的冷却水循环流动。

（二）离心式水泵的构造

常见发动机装用的离心式水泵，主要由泵壳、泵盖、叶轮、水泵轴、轴承和水封等组成。泵壳的前半部分为水泵轴的轴承座孔，后半部分为叶轮工作室，泵壳上设有大循环进水口和小循环水管接头。泵盖和衬垫用螺钉安装在泵壳后面，用来封闭叶轮工作室。在泵盖上设有出水孔，水泵安装后出水孔与位于气缸体水套内的分水管相通。水泵轴通过轴承支撑在泵壳内。进口汽车装用的水泵，轴与轴承多数为不可分解的整体结构。国产汽车装用的水泵，水泵轴一般采用两个球轴承支撑，两轴承间用隔套进行定位。

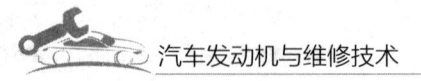

第三节 冷却系的维护与常见故障诊断

一、冷却系的维护

发动机冷却系工作好坏对其动力性、经济性和使用寿命均有一定的影响,冷却系的结构和原理比较简单,但冷却系的维护和修理不能忽视。冷却系的维护重点是风扇皮带松紧度的检查与调整、节温器的检查和水垢的清除等。风扇皮带的检查与调整、节温器的检查参见第二节相关内容。

(一)冷却液的使用

发动机使用中,冷却系使用的冷却液为冷却水或防冻液。冷却系最好使用经过软化处理过的冷却水,这样可以减少水垢的产生。使用防冻液不仅可防止冬季冷却系结冰,而且还具有防腐和不易产生水垢的优点。有些特效防冻液还具有冷却系堵漏的功能,其中含有微细塑胶颗粒或无机纤维,在随冷却水循环过程中,可以自动堵住散热器等零件上的细小渗漏部位。在使用散热器堵漏剂修补散热器渗漏故障时,应按使用说明书规定的要求添加。完成堵漏修复后,应在规定时间内放掉掺有堵漏剂的冷却液,并用清洁的水冲洗冷却系,再按要求加注冷却水或防冻液。因为堵漏剂对冷却系零件可能有腐蚀作用,一般不允许在冷却系中长期使用。

(二)加注或更换冷却液

为保证汽车安全行驶,出车前应在发动机冷态下检查冷却系的冷却液是否足够。带膨胀水箱的发动机冷却系,正

第六章 冷却系与维修

确的液面位置应在上限标记与下限标记之间，若液面低于下限，应打开散热器盖，添加冷却液。使用防冻液时，添加的防冻液应与现用的相同。由于发动机一般都采用封闭、加压的冷却系，在冷却液温度很高时，不要打开散热器盖，以免冷却液喷出烫伤。

防冻液可以长期使用，但时间过长添加剂会因受热而变质。因此，汽车每行驶40000km（或两年）或防冻液中出现锈红色，就应更换防冻液。更换冷却液时，注意放净散热器、膨胀水箱及气缸体水套中的冷却液。放水阀一般设在散热器底部，有些发动机气缸体上也设有放水阀。将冷却系的冷却液放净后，拧紧放水阀，从散热器加水口向冷却系中加注合乎要求的冷却液，直到液面达到规定位置为止。加满新的冷却液后，应使发动机怠速运转几分钟，并检查发动机有无渗漏之处，停机后还应检查冷却液液面有无变化。

（三）清除冷却系水垢

冷却系中的水垢是由于水中混有可溶性矿物盐和泥砂等杂质，受热析出或变硬并积附在冷却系表面而形成的。冷却系积垢严重，会使热量传递困难，影响发动机正常工作。因此，定期清除冷却系水垢是必不可少的维护作业项目。冷却系积垢较轻时，可拆下节温器，让水沿与正常循环相反的方向从出水口压入水套和散热器，直到流出的水清洁为止。

如果冷却系积垢严重，应用化学方法清除。使用市场上可购到的冷却系除垢剂时，应按规定的比例稀释后加入冷却系，经过一定时间的运转后，改用清水运转，即可清除冷却系水垢。使用化学方法除垢，注意必须按使用说明中的要求进行操作。

二、冷却系常见故障诊断

在汽车使用中，冷却系常见故障有：冷却液消耗异常（渗漏）、发动机过热（冷却不足）、发动机工作温度过低（冷却过度）。

（一）冷却液消耗异常

冷却系是密封的，在正常情况下，不需经常添加冷却液，否则为冷却液消耗异常。冷却液消耗异常的主要原因是冷却系密封不良导致泄漏。

（二）发动机过热

发动机在运行中，若水温表指针长时间指向高温（90℃以上）范围，并出现冷却液沸腾（俗称"开锅"），即为发动机过热。发动机过热可分为运行中突然过热和经常过热。

（三）水温过低

在汽车行驶中，若水温表长时间指示在发动机正常工作温度范围以下，即表明水温过低。发动机水温过低的原因主要是由节温器故障、风扇离合器故障、水温表或传感器故障导致。

第七章

润滑系与维修

第一节 润滑系的功用与组成

一、润滑系的功用

润滑系的功用是将润滑油不断地供给发动机各零件的摩擦表面，以减少零件的摩擦与磨损，并带走摩擦表面上的磨屑等杂质，冷却摩擦表面，提高气缸的密封性。此外，润滑油粘附在零件表面上，避免了零件与空气、水、燃气等的直接接触，起到了防止或减轻零件锈蚀和化学腐蚀的作用。

二、发动机的润滑方式

发动机工作时，由于各运动零件的位置、相对运动速度、承受的机械负荷和热负荷等不同，对润滑强度的要求也不同。为保证各运动零件润滑可靠，并尽可能简化润滑系的结构，在发动机润滑系中，根据各部位的工作特点采取了不同的润滑方式。

（一）压力润滑

利用机油泵将具有一定压力的润滑油输送到摩擦表面进行润滑，这种润滑方式称为压力润滑。发动机上一些机械负荷大、相对运动速度高的零件，一般都采用此种润滑方式，

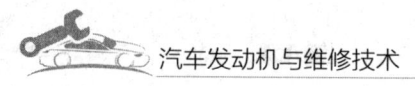

如：主轴颈与主轴承、连杆轴颈与连杆轴承、凸轮轴轴颈与凸轮轴轴承等。采用压力润滑比较可靠，但必须设专门的油道输送润滑油。

（二）飞溅润滑

依靠运动零件飞溅起来的或从专门的油孔中喷出的润滑油滴或油雾对摩擦表面进行润滑，这种方式称飞溅润滑。发动机上的一些外露部位、机械负荷较小零件或相对运动速度较低的零件，一般采用飞溅润滑方式，如：活塞与气缸壁、凸轮与挺杆、活塞销与衬套等。采用飞溅润滑可靠性较差，但结构比较简单，在活塞与气缸壁间采用飞溅润滑，还可以防止由于润滑油压力高而进入燃烧室参加燃烧，导致润滑油消耗异常、燃烧室积炭加剧、发动机工作恶化等。

（三）定期润滑

采用定期加注润滑脂的方法对摩擦表面进行润滑，这种方式称定期润滑。发动机上的一些不太重要、比较分散的部位一般采用此种润滑方式，如：水泵轴承、发电机轴承等。定期润滑不属于润滑系的工作范畴。

三、润滑系的基本组成

发动机润滑系的组成基本相同，主要由以下基本装置组成：

（一）油底壳。其主要功用是储存润滑油。

（二）机油泵。其主要功用是建立压力润滑和润滑油循环所必须的油压。

（三）油道。其主要功用是将机油泵输出的压力润滑油输送到各摩擦表面。油道在气缸体与气缸盖上直接铸出或加

工在一些零件内部，可分为主油道和分油道，主油道一般是指铸造在气缸体侧壁内、沿发动机纵向布置的油道，其它油道均为分油道。

（四）滤清器。其主要功用是滤除润滑油中的杂质，根据能够滤除的杂质直径不同可分为集滤器、粗滤器和细滤器。

（五）限压阀。主要功用是控制机油压力。

（六）机油压力传感器和油压表。主要功用是检测并通过仪表显示机油压力。

第二节　润滑系主要零部件的构造与维修

一、机油泵的构造与维修

机油泵一般安装在曲轴箱内，由曲轴、凸轮轴或中间轴驱动。汽车发动机装用的机油泵主要有两种：齿轮式和转子式。

（一）齿轮式机油泵的构造

CA6102发动机装用的齿轮式机油泵，泵壳用螺栓安装在曲轴箱内第一道主轴承座两侧，泵壳内装有主动轴和从动轴，主动齿轮和从动齿轮分别安装在主、从动轴上。泵盖用螺栓安装在泵壳上，机油泵的进、出油口均设在泵盖上，带有固定式集滤器的吸油管用螺栓固定在进油口处，出油管用螺栓固定在机油泵出油口与发动机机体上的相应油道之间。主动轴的前端伸出泵壳，并用半圆键、锁片、螺母将传动齿轮固定安装在主动轴上，发动机工作时，通过传动齿轮与曲轴正时齿轮啮合驱动机油泵工作。限压阀安装在机油泵出油口处，限压阀主要由阀体、球阀、弹簧和弹簧座组成，开口销用来固定弹簧座的位置。

（二）转子式机油泵的构造

夏利轿车发动机油泵，主要由泵壳、泵盖、外转子、内转子、转子轴、机油泵链轮、限压阀等组成。内、外转子安装在机油泵壳内，转子轴伸出泵壳，在转子轴外端安装有机油泵链轮。机油泵用螺栓安装在曲轴箱内，由中间轴通过链条驱动。在维修时，衬垫形密封圈、开口销不允许重复使用。

（三）齿轮式机油泵的维修

齿轮式机油泵在使用中，主动齿轮与从动齿轮、轴与轴孔、齿轮顶与泵壳、齿轮端面与泵盖均会产生磨损，造成机油泵供油量减少和供油压力降低。

（四）转子式机油泵的维修

1. 检查转子轴与轴孔配合间隙。用千分尺和内径百分表分别测量机油泵转子轴直径和泵壳上的轴孔内径，并计算其配合间隙。若配合间隙超过允许极限，应更换磨损严重的零件或机油泵总成。如天津夏利轿车发动机转子式机油泵的转子轴与轴孔配合间隙：正常值应为0.045～0.085mm，允许极限为0.10mm。

2. 检查外转子与泵壳配合间隙。拆下泵盖，用塞尺测量外转子与泵壳之间的间隙，若超过允许极限，应更换磨损严重的零件或机油泵总成。

3. 检查内、外转子啮合间隙。拆下泵盖，用塞尺测量内、外转子啮合间隙，若超过允许极限，应更换磨损严重的零件或机油泵总成。如天津夏利轿车发动机转子式机油泵的内、外转子啮合间隙：正常值应小于0.15mm，允许极限为0.25mm。

4. 检查转子端面与泵盖轴向间隙。拆下泵盖，用塞尺和直尺测量转子端面与泵盖轴向间隙，若超过允许极限，应更换转子组件或机油泵总成。如天津夏利轿车发动机转子式机油泵的转子端面与泵盖轴向间隙正常值应为0.03~0.09mm，允许极限为0.20mm。

二、机油滤清器的构造与维修

汽车发动机上装用的机油滤清器按过滤能力可分为集滤器、粗滤器、细滤器。

（一）集滤器

集滤器一般为滤网式，安装在机油泵的吸油口端，防止较大的杂质被吸入机油泵。集滤器可分为浮动式和固定式两种。

1. 浮动式集滤器。浮动式集滤器主要由浮子、滤网、罩、管和固定管组成。浮子是中空的，可以浮在油面上。固定管与机油泵进油口连接，管与固定管活动连接，使浮子能自由随油面高低而升降。浮子下面装有金属丝滤网，滤网具有弹性，中间开有环口，并压在罩上。罩与浮子压合后，边缘有缝隙，以便进油。

2. 固定式集滤器。固定式集滤器的吸油管上端用螺栓与机油泵连接，下端与滤网支座连成一体。罩利用翻边安装在滤网支座外缘凸台上，滤网夹装在支座与罩之间。罩的边缘有4个缺口，形成进油通道。当机油泵工作时，润滑油从罩的缺口处经过滤网滤除较大的杂质后，通过吸油管进入机油泵。固定式机油滤清器在使用中，主要应检查吸油管与机油泵连接处的衬垫，若有损伤必须更换，否则会因漏气而导致机油压力下降。此外，如果发现滤网堵塞应及时清洁滤网。

（二）塑料锯末滤芯可拆式机油粗滤器

CA6102发动机装用的塑料锯末滤芯可拆式机油粗滤器，主要由外壳、滤芯、端盖等组成。滤芯采用酚醛树脂材料为粘结剂的锯末滤芯，滤芯的内筒采用薄铁皮制成，上面加工有许多小孔，滤芯安装在外壳内的滤芯底座与端盖下端面之间，并用弹簧压紧。密封圈可防止外壳内的润滑油不经滤清直接进入滤芯内筒。端盖与外壳之间用密封圈密封，并用卡箍固定。端盖用螺栓安装在气缸体上，端盖上的油孔与气缸体上的相应油道连通。

第三节　润滑系的维护与常见故障诊断

一、润滑系的维护

（一）检查润滑油油面位置

每次出车前应抽出机油尺检查润滑油的油面位置。机油尺上有上刻度线和下刻度线，适宜的油面位置应在这两条刻度线之间。检查时汽车要停放在平地上，发动机熄火3min后，待润滑油流回油底壳后，抽出机油尺并将其擦净，再插回到底，重新抽出机油尺，在机油尺上就可以观察到润滑油油面位置。若油面处于机油尺下刻度线的下方，应从加机油口处加注润滑油，直到油面位置符合要求为止。若油面位置超过上刻度线，应放出多余的润滑油。添加润滑油时，一定要添加相同牌号的润滑油，以免引起润滑油变质。若无同一牌号的油，则应全部更换。

（二）更换润滑油

汽车在完成走合里程后以及汽车每行驶10000km或每半年，应更换一次润滑油。更换时，在发动机熄火后的热机状态下，拧下油底壳底部的放油螺塞，放尽发动机内的旧润滑油，再装回放油螺塞，从加机油口加注新的润滑油，直到油面位置符合要求为止。

（三）检查机油压力

对于在驾驶室仪表盘上有机油压力表的汽车，可由机油压力表上直接读取主油道润滑油压力。对于驾驶室仪表盘上

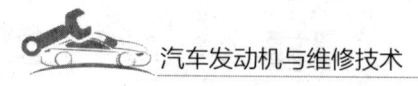

装有机油压力报警灯的汽车，汽车在正常行驶中报警灯亮即表示机油压力过低。如果进一步检测主油道的润滑油压力，则需要拧下安装在主油道上的机油压力传感器，利用其连接螺口，安装机油压力表，由此表读取发动机工作时主油道内的润滑油压力。

（四）疏通油道

油道脏污甚至堵塞，会影响润滑油在油道中的正常流动，若发现油道堵塞或发动机大修装复前，应彻底清洗疏通油道。对曲轴内的油道，可用铁丝缠上干净的布条沾汽油或煤油清洗，清洗后用压缩空气吹净，不得使纤维物和污物留在油道内。拆下主油道的螺塞，用小圆毛刷或铁丝缠上干净的布条沾汽油或煤油插入主油道来回拉动清洗，保证主油道清洁畅通。

二、润滑系常见故障诊断

润滑系常见故障有：机油压力过低、机油压力过高、机油消耗异常和机油变质。

（一）机油压力过低

在使用中，机油压力表指示压力长时间低于正常值即为机油压力过低。在汽车运行中，若发现机油压力过低，可直接拆下主油道上的螺塞或空气压缩机（采用气压制动的汽车）上的进油管，检查出油情况。若出油有力，允许短距离行驶就近检修；若出油无力，应就地立即查明故障原因，予以排除，以免造成严重机械事故。

（二）机油压力过高

在使用中，若机油压力表指示长时间高于正常值即为机油压力过高。对于新装配的发动机，若出现机油压力过高，应重点检查曲轴主轴承、连杆轴承、凸轮轴轴承的配合间隙。

（三）机油消耗异常

每次检查时，都发现机油减少，平均消耗量超过 0.1~0.5ml／100km，即为机油消耗异常。

（四）机油变质

由于高温和氧化作用，即使正常情况下，机油也会变质，这种现象称为"老化"。老化的机油含有酸性化合物，不但使机油变黑、粘度下降，而且腐蚀机件。在使用中，若不到换油周期，机油就出现老化，应查明原因予以排除。

第八章
柴油机燃料供给系与维修

第一节 柴油机燃料供给系的特点、功用与组成

一、柴油机的特点

柴油机不仅在重型汽车上得到广泛应用,而且在中、轻型汽车上的应用也日益增多。柴油机与汽油机使用的燃料不同,也决定了其结构、工作原理、性能等与汽油机有很大的区别。

（一）柴油机的工作特点

柴油机与汽油机最大的区别是:混合气形成方式和点火方式不同。

1. 内部形成混合气。柴油机使用的燃料是柴油,柴油的粘度大、蒸发性差,所以柴油机采用高压的方法,在接近压缩上止点时将柴油直接喷入燃烧室中,以帮助混合气形成,即混合气形成是在气缸内部完成的。

2. 压缩自燃。由于柴油自燃温度低（柴油为473~573K,汽油为653K）,而点燃温度高（柴油为313~359K,汽油为263K）,所以柴油机采用压缩自燃的着火方式。

第八章 柴油机燃料供给系与维修

（二）柴油机的性能特点

与汽油机相比，柴油机的性能主要有以下特点：

1. 热效率高。增大压缩比是提高发动机热效率的重要途径，汽油机压缩比的提高受爆震燃烧的限制，而柴油机进气行程进入气缸的是纯空气，对提高压缩比限制小，所以柴油机压缩比大（柴油机为15~22，汽油机为6~10），热效率比汽油机高（柴油机为30%~40%，汽油机为20%~30%）。

2. 经济性好。柴油机热效率高，热量利用率高。柴油机的负荷调节是通过直接改变每循环的供油量来实现的（为质调节，汽油机为量调节），而每循环进入气缸的空气量变化不大，在大部分负荷下，柴油机过量空气系数都大于1，有利于燃料燃烧充分。由于上述两方面原因，使柴油机燃油消耗率比汽油机低（约低30%），而且柴油价格比汽油便宜，所以柴油机的经济性比汽油机好。柴油机靠压缩自燃，无点火系，所以工作比较可靠，故障较少。

二、柴油机燃料供给系的功用与组成

（一）功用

柴油机燃料供给系是柴油机的重要组成部分，其主要功用是：不断供给发动机清洁的燃料和空气，根据柴油机不同工况的要求，将一定量的柴油以一定压力和喷油质量定时喷入燃烧室，使其与空气迅速混合并燃烧，作功后将燃烧废气排出气缸。

（二）基本组成

柴油机燃料供给系的基本组成，主要由燃油供给装置、

空气供给装置、混合气形成装置和废气排出装置4部分组成。

1．燃油供给装置。主要功用是完成燃料的储存、滤清和输送工作，并以一定压力和喷油质量定时、定量地将燃料喷入燃烧室。根据发动机工作时的燃油压力不同，燃油供给装置可分为高压油路和低压油路两部分，低压油路主要包括油箱、输油泵、柴油滤清器和低压油管等，高压油路主要包括喷油泵、喷油器和高压油管等。

2．空气供给装置。主要功用是供给发动机清洁的空气，其包括空气滤清器和进气管等，在有些柴油发动机上，还装有进气增压装置。

3．混合气形成装置。主要功用是使燃油与空气混合形成混合气。由于柴油的蒸发性较差，柴油机在压缩上止点附近，燃油供给装置将柴油直接喷入燃烧室，在燃烧室内，柴油与空气边混合边燃烧，所以柴油机的混合气形成装置就是燃烧室。

4．废气排出装置。主要功用是在作功后排出气缸内的燃烧废气，其包括排气管和排气消声器等。柴油机的空气供给装置、废气排出装置与汽油机基本相同，本章不再重述。

（三）工作过程

柴油机工作时，活塞式输油泵将柴油从油箱内吸出，并以0.15~0.30MPa的低压输送给柴油滤清器，清洁的柴油经低压油管进入柱塞式喷油泵，喷油泵将柴油压力提高到10MPa以上，并根据发动机负荷的大小，将一定量的高压柴油经高压油管输送给喷油器，由喷油器将柴油喷入燃烧室。

输油泵的供油量远大于发动机消耗的油量,多余的柴油经喷油泵回油管流回油箱。喷油器间隙泄漏的少量柴油经喷油器回油管流回油箱。

第二节 柴油机混合气形成装置

一、柴油机混合气形成

（一）混合气形成特点

柴油机工作中,在接近压缩终了时,才由喷油器将柴油喷入燃烧室,混合气是在燃烧室内形成的,所以柴油机混合气的形成时间短、空间小,对混合气形成极为不利。为此,在现代柴油机上,通常采取以下措施以改善混合气形成条件:

1. 采用较高的压缩比,以提高压缩终了时气缸内空气的压力和温度。

2. 采用较高的喷油压力,以帮助柴油雾化。

3. 组织较强的空气运动（涡流）,以加速柴油的蒸发和提高混合气形成的均匀性。

4. 根据混合气形成方式采用适当的燃烧室形状与之配合。

（二）混合气形成方式

为保证发动机工作时形成良好的混合气,柴油发动机采用的混合气形成方式主要有两种:空间雾化式和油膜蒸发式。

1. 空间雾化式混合气形成方式。它是指将柴油喷射到燃烧室的空间，雾化的柴油在燃烧室空间内吸收压缩空气热量并蒸发，柴油蒸气在空气涡流的搅动下扩散并与空气混合。

2. 油膜蒸发式混合气形成方式。它是指喷油器将大部分柴油喷射到燃烧室壁面上，形成油膜，油膜从燃烧室壁面上吸热并逐层蒸发，柴油蒸气在空气涡流的搅动下扩散并与空气混合。目前，在中小型高速柴油发动机上，多数采用空间雾化与油膜蒸发兼用的复合式混合气形成方式，且一般是以空间雾化为主、油膜蒸发为辅。

二、柴油机燃烧室

柴油机混合气是在燃烧室内形成的，所以燃烧室的结构形式对混合气的形成和燃烧过程均有直接影响。柴油机燃烧室的结构形式主要是与喷油器的喷雾形状匹配，同时还必须满足组织空气涡流运动的需要。柴油机燃烧室形状很多，通常可分为两大类：统一式和分隔式。

（一）统一式柴油机燃烧室

统一式燃烧室由凹顶活塞顶与气缸盖底面组成，几乎全部燃烧室容积都集中在活塞顶的凹下部分。此类燃烧室的形状简单、易于加工，且结构紧凑、散热面积小、热效率较高。但采用统一式燃烧室的柴油机，对喷油压力和喷油器的喷雾质量要求高，而且混合气燃烧时的速度快，容易产生工作粗暴。

（二）分隔式柴油机燃烧室

分隔式燃烧室由主燃烧室和副燃烧室两部分组成，主燃烧室位于活塞顶与气缸盖底面之间，副燃烧室位于气缸盖

第八章　柴油机燃料供给系与维修

中，主、副燃烧室之间，由一个或几个孔道相连。常见的分隔式燃烧室有涡流室式燃烧室和预燃室式燃烧室两种。

第三节　活塞式输油泵和柴油滤清器的构造与维修

一、活塞式输油泵的构造与维修

输油泵的功用是克服油路中的各种阻力，将柴油从油箱内吸出并将足够量和一定压力的柴油输送给喷油泵。

（一）活塞式输油泵的构造

活塞式输油泵的构造，主要由泵体、活塞、进油阀、出油阀和手油泵等组成。活塞式输油泵安装在喷油泵壳体上，用喷油泵凸轮轴上的偏心轮驱动。喷油泵凸轮轴转动时，轴上的偏心轮驱动滚轮、滚轮架、推杆和活塞向下运动，泵腔内容积减小，油压升高，进油阀被关闭，出油阀被压开，柴油由泵腔Ⅰ通过出油阀流向泵腔Ⅱ。当喷油泵凸轮轴上的偏心轮转过时，在活塞弹簧的作用下，推动活塞向上运动，泵腔Ⅱ内的油压升高，出油阀关闭，泵腔Ⅱ内的柴油经出油管输出，同时，由于泵腔Ⅰ内的容积增大，形成一定的真空度，将进油阀吸开，油箱内的柴油经进油管和进油阀被吸入泵腔Ⅰ。

（二）活塞式输油泵的检修

1. 检查输油泵各配合部位间隙，若超过允许极限，应更换磨损的零件。

2. 检查进、出油阀,若密封不严,可将阀与阀座进行研磨;若有损坏,应更换新件。更换新阀时,也应进行研磨。

3. 检查泵体有无裂纹或螺纹乱扣现象,根据损坏情况,检修或更换泵体。

(三)活塞式输油泵密封性的检查

检查输油泵的密封性时,旋紧输油泵上手油泵的手柄,堵住出油口,将其浸入清洁的柴油中。从进油口通入150~200KPa的压缩空气,在泵体与推杆之间的缝隙处有微量空气以气泡形式漏出,且气泡直径很小,将气泡用量筒收集,1min内不应超过50ml,若漏气严重,应检修或更换输油泵。输油泵也可在专用试验台上进行密封性检验,当供油压力为100KPa,工作转速为750r/min时,推杆与推杆套配合处在1min内不得有漏油现象。

二、柴油滤清器的构造与维修

柴油滤清器的功用是滤除柴油中的杂质、水分和石蜡,以减轻喷油泵和喷油器各精密偶件的磨损。柴油滤清器通常安装在喷油泵附近,串联在输油泵和喷油泵之间。目前车用柴油机装用的柴油滤清器主要有单级和双级两种。

(一)单级柴油滤清器的构造

常用的单级柴油滤清器其结构原理与纸质滤芯可拆式机油粗滤器基本相同,区别主要是在柴油滤清器盖上设有放气螺钉和限压阀。柴油经过滤清器时,水分沉淀在壳体内,杂质被滤芯滤除。放气螺钉用于排除低压油路内的空气。当滤清器内压力超过限压阀开启压力(0.1~0.15MPa)时,限压

第八章 柴油机燃料供给系与维修

阀开启，使多余的柴油流回油箱。

（二）双级柴油滤清器的构造

常用的双级柴油滤清器。该滤清器实际是由两个单级柴油滤清器串联成一体，第一级采用纸质滤芯，第二级采用毛毡滤芯或纸质滤芯。柴油经第一级滤清器过滤后，由滤清器内部油道进入第二级滤清器。滤清器盖上设有一个放气螺钉和一个限压阀。

第四节　柱塞式喷油泵的构造与维修

喷油泵又称高压油泵，其功用是接受输油泵输送来的低压柴油，对柴油进行加压后，按柴油机不同工况的要求，定时、定量地将高压柴油输送给喷油器。柱塞式喷油泵是利用多个柱塞式分泵向发动机各缸的喷油器提供高压油，其发展和应用的历史较长，工作可靠，在国产柴油机上应用较为普遍。

一、柱塞式喷油泵的基本构造与工作原理

柱塞式喷油泵主要由柱塞分泵、油量调节机构、驱动机构、泵体4部分组成。

（一）柱塞分泵

柱塞式喷油泵由与发动机气缸数相同的多个柱塞分泵组成。柱塞分泵主要由柱塞偶件和出油阀偶件组成。柱塞偶件由柱塞和柱塞套筒组成。柱塞套筒安装在喷油泵体内，并用螺钉固定，防止其周向转动。套筒上加工有两个油孔，均与喷油泵体上的低压油腔相通。柱塞与柱塞套筒精密配合，柱塞的圆柱表面加工有斜槽，斜槽的内腔与柱塞上面的泵腔

有油孔连通。在柱塞下端固定有调节臂，通过它可使柱塞在套筒内转动。在调节臂与喷油泵体之间装有柱塞弹簧和弹簧座，柱塞弹簧将柱塞推向下方，并使柱塞下端面与装在滚轮体中的垫块、滚轮与凸轮保持接触。发动机工作时，发动机曲轴通过传动机构驱动喷油泵凸轮轴转动，凸轮轴上的凸轮和柱塞弹簧共同作用，驱使柱塞在柱塞套筒内作往复运动。出油阀偶件安装在柱塞偶件上部，并通过压紧座和垫片使出油阀座与柱塞套筒压紧，以保证密封。

（二）油量调节机构

油量调节机构的功用是执行驾驶员或调速器的指令，改变柱塞与柱塞套筒的相对位置，从而改变喷油泵的供油量，以适应发动机不同工况的要求。柱塞式喷油泵常用的油量调节机构主要有拨叉式和齿条式两种。此外，在国产P型喷油泵上还采用了球销角板式油量调节机构。

（三）分泵驱动机构

分泵驱动机构的功用是驱动柱塞在柱塞套筒内往复运动，使喷油泵完成供油过程。分泵驱动机构主要包括喷油泵凸轮轴和滚轮体等。凸轮轴通过两个轴承支撑在喷油泵体内，其结构原理与配气机构所用的凸轮轴相似。凸轮轴的前端通过联轴器与正时齿轮相连，后端与调速器相连，凸轮轴上加工有驱动分泵的凸轮和驱动输油泵的偏心轮。改变前端盖与泵体之间的密封垫的厚度，或改变轴承与轴身之间的调整垫片的厚度，可调整凸轮轴的轴向间隙。

（四）泵体

泵体是喷油泵的基体，有分体式和整体式两种。分体式

第八章 柴油机燃料供给系与维修

泵体分上、下两部分，用螺栓连接在一起，上体用来安装分泵，下体用来安装油量调节机构和驱动机构。整体式泵体具有较高的刚度，但拆装不便。喷油泵和调速器的润滑有两种形式：一种是独立润滑，即在喷油泵和调速器内单独加注润滑油；另一种是压力润滑，即利用发动机润滑系中的压力油进行润滑。

二、喷油泵的驱动与供油提前角调节装置

（一）喷油泵的驱动

喷油泵通常由曲轴前端的正时齿轮带动一组齿轮来驱动，各传动齿轮之间均有正时标记，安装时必须对正各正时标记，以保持喷油泵的供油正时（用供油提前角表示）。

（二）联轴器

喷油泵所用的联轴器通常为挠性片式联轴器，主要由两组弹性钢片、连接叉等组成。两组弹性钢片用螺栓与连接叉固定连接，弹性钢片前端用螺栓与喷油泵驱动轴相连，弹性钢片后端通过连接盘与供油提前角自动调节器连接。连接盘上的螺栓孔为弧形，松开连接盘与弹性钢片的连接螺栓，即可改变喷油泵凸轮轴相对发动机曲轴的角位置，从而可对喷油泵供油提前角进行调节。通常在联轴器与喷油泵壳体上刻有第一缸供油标记，安装时将标记对正即可。

（三）供油提前角自动调节器

常用的供油提前角自动调节器为机械离心式，ＡＣＡ6110Ａ型柴油机装用的供油提前角自动调节器。调节器安装在联轴器与喷油泵之间，前端由带两个方形凸块的驱动盘与联轴器相连，在驱动盘的后端面上压装着两个销轴，两

个飞块通过其孔松套在销轴上，飞块的另一端压装有销钉，销钉上松套着内座圈和滚轮。调节器从动盘用半圆键与喷油泵凸轮轴连接，从动盘内腔两臂的弧形侧面分别与两个滚轮接触，其平侧面则压在弹簧上。弹簧和另一端支撑在弹簧座上，弹簧座用螺钉固定在销轴的顶端。整个调节器为一个密封的整体，内腔充满润滑油。

第五节　调速器的构造与维修

一、调速器的功用

从理论上讲，柴油机工作时，油门开度不变，喷油泵供油拉杆或齿条的位置不变，则每循环的供油量应该不变。但实际工作中，由于喷油泵进、回油孔的节流作用随发动机转速提高而增加，柱塞式喷油泵的柱塞偶件或转子式喷油泵的分配转子泄漏量随发动机转速提高而减少，均会导致喷油泵的供油正时和供油量随发动机转速变化而变化，这使柴油机的工作稳定性很差。转速较高时，由于供油提前和供油量增多，柴油机容易产生"超速"（俗称飞车）；转速较低时，而由于供油推迟和供油量减少，柴油机容易熄火。因此，柴油机一般都装有调速器。调速器的功用是：在柴油机工作时，根据负荷大小，自动调节喷油泵供油量，以稳定和限制柴油机转速，使柴油机在不同工况下均能稳定运转。

二、调速器的构造与工作原理

车用柴油机装用的调速器，根据其结构不同可分为机械

第八章 柴油机燃料供给系与维修

离心式、气动膜片式和复合式3种类型，在此仅介绍国产喷油泵中应用较为广泛的机械离心式调速器。离心式调速器的结构形式很多，但其基本组成和基本原理相同。机械离心式调速器都是由离心元件（飞球或飞块）、调速弹簧和传动机构3大部分组成。

离心元件用来感应柴油机的转速，当柴油机负荷（油门开度）一定时，离心元件在某一转速下产生的离心力与调速弹簧的弹力平衡。如果柴油机负荷不变，由于阻力减小使柴油机转速升高时，离心元件产生的离心力增大，通过传动机构克服调速弹簧的弹力带动喷油泵供油齿条（或拉杆）向减油方向移动，从而使柴油机转速回降；反之，柴油机转速下降时，离心元件产生的离心力减小，调速弹簧的弹力大于离心力，调速弹簧通过传动机构推动喷油泵供油齿条（或拉杆）向加油方向移动，柴油机转速回升。总之，当柴油机负荷不变时，调速器在其工作转速范围内，根据柴油机转速的变化情况自动调节喷油泵供油量，使柴油机保持在一个相对稳定的转速下运转，在此转速下，离心元件产生的离心力与调速弹簧的弹力平衡。根据工作转速范围不同，调速器又可分为两速和全速两种。两速调速器只能起到稳定低速（怠速）和限制高速的作用，而在中等转速时不起作用。全速调速器在各种转速下均起调速作用。

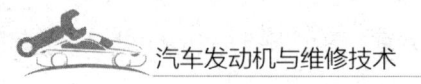

第六节 柴油机喷油器的构造与维修

一、喷油器的功用与类型

柴油机喷油器的功用是将燃油雾化并合理分布到燃烧室内，以便与空气混合形成混合气。根据柴油机混合气形成与燃烧的要求，喷油器应有一定的喷射压力和射程（即喷射距离）以及合适的喷射锥角。此外喷油器停止供油时应干脆，不应有滴漏现象。

目前，车用柴油机上装用的喷油器均为"闭式"喷油器，即喷油器在不喷油时，喷孔被针阀关闭，将燃烧室与喷油器的油腔彻底分隔开。常用的闭式喷油器又可分为孔式和轴针式两种结构类型。

二、喷油器的构造

轴针式喷油器与孔式喷油器除针阀和针阀体结构略有不同外，其它结构及工作原理完全相同。喷油器主要由针阀、针阀体、顶杆、调压弹簧、调压螺钉及喷油体等零件组成。喷油器不喷油时，调压弹簧通过顶杆使针阀紧压在针阀体的密封锥面上。调压弹簧的预紧力，可通过调压螺钉来调整。为防止细小杂物堵塞喷孔，喷油器进油管接头内一般装有缝隙式滤芯。针阀与针阀体是喷油器的精密偶件，针阀上部的圆柱表面和针阀体相对应的内圆柱面配合精度很高，其配合间隙只有0.0010～0.0025mm。因为配合间隙过大，会因漏油而导致油压下降，直接影响喷雾质量；配合间隙过小，针阀

又不能在针阀体中正常运动。

喷油器针阀的下端锥面与针阀体上相应的内锥面配合，实现喷油器内腔的密封，也称为密封锥面。针阀上部的圆柱面及下端的锥面与针阀体的配合是经过精磨后再相互研磨以保证其配合精度的，所以喷油器精密偶件不能进行互换。

三、喷油器的维修

（一）喷油器的检修

1. 用专用工具从柴油机上拆下喷油器，用铜丝刷清洁喷油器外部。

2. 将喷油器喷孔朝上，用垫有铜皮护口的台钳夹住喷油器体。

3. 从喷油器体上拧下紧固螺套，拆下针阀、针阀体等零件，并从喷油器体内取出顶杆。注意：针阀与针阀体是高精度配合偶件，必须按原配成对放置，若针阀卡死在针阀体内无法取出，表明针阀已变形，应更换针阀与针阀体偶件。

4. 松开台钳，将喷油器掉转并重新夹住，拧下调压螺钉护帽和调压螺钉，取出调压螺钉垫圈、调压弹簧和弹簧座等零件。

5. 用直径合适的专用清洁针清除喷孔内的积炭，用柴油清洗喷油器各零件。

6. 检查针阀。若发现其密封锥面或导向面暗淡无光，表明针阀已磨损；其前端有暗黄色的伤痕，表明针阀因过热而拉毛；其导向面有咬住或粘滞的痕迹，表明针阀已变形。发现上述任何情况之一，均应更换针阀与针阀体偶件。

（二）就车检查喷油器

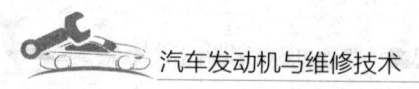

在缺少喷油器试验台时,也可就车检查喷油器的工作情况。

1. 拆下待查的喷油器,用一个三通接头,将其与一个工作性能良好的标准喷油器并联安装在喷油泵高压油管上,起动发动机并维持怠速运转。

2. 观察待查喷油器是否与标准喷油器同时喷油。若待查喷油器喷油早,说明其喷油压力过低;反之,则说明待查喷油器喷油压力过高。喷油压力过高或过低,都应调整喷油压力。

3. 观察喷油器的喷油情况,应符合喷雾试验的要求。

4. 在两个喷油器下面各放一只量杯,以对比检查其喷油量。

第七节 转子泵燃油供给装置的构造与维修

转子分配式喷油泵是利用转子的转动实现燃油的增压和向各缸分配,转子泵具有体积小、质量轻、成本低等优点,尤其是体积小的特点,对发动机及汽车的整体布置十分有利,近年来在车用柴油机上的应用也越来越多。本节以南京依维柯汽车装用的索菲姆柴油机为例,介绍转子泵燃油供给装置的构造与维修。

一、转子泵燃油供给装置的组成

柴油机采用德国波许公司生产的VE型轴向压缩式转子分配泵,其燃油供给装置的组成主要由油箱、膜片式输油泵、双级柴油滤清器、低压油管、VE型转子分配泵、高压

第八章 柴油机燃料供给系与维修

油管、喷油器和回油管等组成。发动机工作时，膜片式输油泵将柴油从油箱中吸出并泵向柴油滤清器，经滤清后的柴油进入VE型转子分配泵，转子分配泵将柴油加压并通过高压油管分配给各缸喷油器，输油泵和喷油泵供给的多余的柴油及喷油器泄漏的少量柴油经回油管流回油箱。

二、转子分配泵的构造

转子分配式喷油泵主要由叶片式输油泵、分配泵、调速器、供油提前角自动调节器等组成。SOFIM柴油机VE型转子分配泵还装有气动膜片式供油量调节装置（LDA装置）。VE型转子分配泵工作原理：柴油机工作时，来自柴油滤清器的清洁柴油进入VE型转子分配泵后，经叶片式输油泵输出的低压柴油分两路；一路流向供油提前角自动调节器，另一路经泵体内的油道、分配泵柱塞上的轴向油槽进入分配泵油腔。进入分配泵油腔内的柴油被分配泵柱塞（又称分配转子）加压，然后经分配泵柱塞中心油道、分配孔、出油阀和高压油管直到喷油器。

（一）叶片式输油泵

叶片式输油泵是转子泵燃油供给装置中的第二级输油泵，它安装在转子分配泵内部的前端，主要由转子、叶片、偏心环和端盖等组成。偏心环用定位销与喷油泵壳体固定。转子装在偏心环内，转子上的个凹槽中分别装有一个叶片，叶片既可随转子一起转动，也可在转子凹槽内滑动。端盖用于封闭偏心环两端。

（二）分配泵的驱动机构

分配泵驱动机构的组成。喷油泵轴支撑在喷油泵壳体上，端面凸轮与分配泵柱塞连成一体，并用联轴器与喷油泵轴连接，端面凸轮的端面上有与气缸数相等的凸轮（凸峰）。在柱塞回位弹簧作用下，端面凸轮始终抵靠在滚轮架上的滚轮上。

三、转子分配泵的维修

（一）供油正时的调整

以SOFIM柴油机为例，VE型转子分配泵（简称VE型泵）供油正时的调整方法如下：

1. 首先把VE型泵正时齿轮按正时记号对准，将VE型泵插装到附件箱主轴的内齿套中，装上VE型泵安装螺栓，并轻轻拧紧。

2. 拆下VE型泵柱塞套端部的检视螺钉，装上百分表，使百分表测头与柱塞接触。

3. 反方向转动飞轮，对准飞轮上的上止点标记，使第一缸活塞处于压缩上止点前所规定的供油提前角位置上。

（二）怠速与最高转速的调整

汽车在空气滤清器通畅，冷却水温度正常，变速器处于空档情况下，即可以调整柴油机的怠速和最高转速。

1. 调整怠速时，松开加速踏板，检查VE型泵操纵臂是否能触及怠速限位螺钉，否则应调整油门操纵机构。起动发动机，怠速转速应为750r/min，如转速不符，可调整怠速限位螺钉，调好后重新调整油门操纵机构，使操纵臂与怠速限位螺钉接触。

2. 调整最高转速时将加速踏板踩到底，同样检查VE型泵操纵臂是否能触及高速限位螺钉，否则应调整加速踏板下的止动螺钉。起动发动机,把加速踏板踩到底,最高转速应为4650r/min。如转速不符,应调整高速限位螺钉,调整应在急速下进行,然后再加速检查直至合适为止。

第八节 PT燃油供给系统的构造与维修

一、PT燃油供给系统的组成

（一）概述

PT燃油供给系统的主要特点是利用燃油泵的供油压力"P"和喷油器的计量时间"T"相互配合,来控制发动机每循环的供油量,此系统结构和工作原理与柱塞泵和转子泵燃油供给装置均有本质的区别,采用此系统可大大改善柴油机的动力性、经济性和适应性。

（二）PT燃油供给系统的组成

康明斯柴油机PT燃油供给系统主要由主油箱、浮子油箱、柴油滤清器、PT燃油泵、喷油器、进油管、回油管等组成。

二、PT燃油供给系统的基本原理

在装用柱塞式喷油泵或转子分配式喷油泵的燃油供给系统中,均是通过控制喷油泵柱塞泵油时的有效行程来控制循环供油量,而PT燃油系统控制循环供油量所利用的基本原理是:在喷油器计量孔截面积一定时,每循环喷入气缸的油量只取决于喷油器的计量时间和供油压力,循环喷油量随喷油器计量时间和供油压力的增减而增减。

PT燃油供给系统工作原理。当齿轮泵旋转时,燃油即从油箱经滤清器和油管被齿轮泵吸入,再由齿轮泵增压后输出。齿轮泵的出口与燃油压力脉动阻尼器的油道相连通,阻尼器可减缓油压的脉动,使油压平稳。燃油从齿轮泵经油道送往滤网式磁性滤清器进行过滤,过滤后的燃油进入PTG两速调速器,该调速器所控制的套筒上的油道有3个出口:一个是主油道的油由节流阀经断油阀供往喷油器;另一个是怠速油道的油经怠速油道、断油阀到喷油器;第三个是旁通油道的油经旁通油道返回齿轮泵的入口。调速器柱塞随柴油机转速和负荷的变化而左右移动,使进油道与上述各出油口相对位置改变,实现对PT燃油泵供油压力调节。PT喷油器由凸轮轴上的凸轮来驱动,因此,喷油器计量时间(进油时间)受凸轮轮廓和凸轮轴转速的影响。对已制造好的柴油机来说,如果不考虑磨损因素,则凸轮的外形轮廓是一定的,即控制喷油器计量时间的凸轮转角不变。但当柴油机转速增加时,由于喷油器的计量时间缩短,而使PT燃油供给系统循环供油量减少,柴油机转速降低时则循环供油量增加。

三、PT燃油供给系统的维修

(一)PT燃油泵维修注意事项

根据PT燃油泵的结构特点,在维修时应注意:

1. 拆卸前对燃油泵外部进行彻底清洗,但不使用对铝合金零件有腐蚀的清洗液。

2. 维修时,能不拆的总成尽量不拆,拆下的精密零件如调速器柱塞、节流阀轴、AFC柱塞等需妥善保管,不可使其表面产生损伤。

3. 拆卸时应尽量使用专用工具,如PT燃油泵拆装架

第八章 柴油机燃料供给系与维修

等。拆装紧配合的零件时，应采用可控压力的台式压床，或采用铜锤或塑料锤轻轻敲打，如前盖总成是用定位销定位在泵盖上，拆卸时用塑料锤轻轻敲打，即可使其松脱拆下。

4．分解PT燃油泵时，首先按其组成分解成总成，如：断油阀总成、调速器总成、齿轮泵总成、磁性滤清器总成、阻尼器总成、节流阀总成、AFC装置等，然后再将各总成分解成零件。

（二）调速器柱塞与套筒的选配

1．检查调速器柱塞和套筒的磨损情况，若因磨损间隙超过规定值，但套筒内表面没有划痕和明显的磨损时，可按套筒端面上打有的尺寸组号标记更换同级尺寸的新柱塞，使配合间隙恢复标准。柱塞与套筒标准配合间隙为 0.0081～0.0125mm，装配时柱塞能靠自身重量缓慢滑进套筒即可。

2．如果调速器柱塞和套筒均有磨损，且配合间隙超过规定值，可换用加大一级或两级的柱塞，并用细研磨膏将柱塞与套筒一起研磨，直到配合间隙符合规定为止。研磨前选配的柱塞不能靠自身重量缓慢滑进套筒，但研磨后应能靠自身重量缓慢滑进套筒。

3．调速器柱塞的硬度很高，一般磨损较小，但若其内表面有较深的伤痕或磨损严重，应更换套筒。更换套筒时，先将泵壳体加热至150℃以上，再压出或压入套筒，套筒与泵壳体上的承孔至少有0.025mm的过盈量，必要时可选用外径加大的套筒。

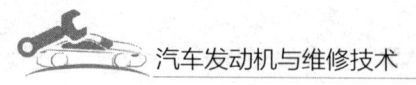

第九节　废气涡轮增压器的构造与维修

一、废气涡轮增压器的功用

在发动机气缸尺寸一定的情况下，提高进气压力，可增加每循环进入气缸的空气量，再相应地增加循环供油量，即可提高发动机的动力。增压器的功用就是提高进气压力。目前，车用柴油机上，一般都采用涡轮式增压器，且利用废气能量驱动，所以称废气涡轮增压器。

二、废气涡轮增压器的构造

（一）废气涡轮增压系统的组成

常用的废气涡轮增压系统主要由空气滤清器、增压器、中冷器等组成。废气涡轮增压器主要由涡轮机和压气机两个基本部分组成，涡轮机与压气机的叶轮安装在同一轴上；涡轮的进气口与柴油机排气歧管相连，出气口与排气消声器相连；压气机的进气口前端装有空气滤清器，出气口则经中冷器与进气歧管相连。

（二）废气涡轮增压器的构造

各种柴油机装用的废气涡轮增压器结构基本相同，康明斯柴油机装用的增压器主要由涡轮机、压气机、支撑装置、密封装置、润滑与冷却装置5大部分组成。

1. 涡轮机部分由涡轮和涡轮壳等零件组成。
2. 压气机部分由叶轮、压气机壳等零件组成，叶轮用固定螺母安装在涡轮及叶轮轴上，是增压器的转动部分，称

第八章 柴油机燃料供给系与维修

为转子。

3. 支撑部分由轴承、护板、止推盘等零件组成。支撑装置使转子可靠地定位在中间壳上,从而限制转子工作时的轴向和径向活动范围。

三、废气涡轮增压器的维修

(一)使用注意事项

废气涡轮增压器在高温、高转速条件下工作,为保证其正常工作,使用时应注意:

1. 新增压器或经过维修的增压器,使用前用手拨动其转子,检查转动是否灵活、有无异响。在工作中,若增压器发出尖锐的响声,应立即停机查明原因。工作时增压器有振动现象,一般是由于叶轮、轴或涡轮损坏所致,应予以修复或更换。

2. 必须保证压气机进气清洁,如叶轮上沾有灰尘会增加空气与叶轮之间的摩擦损失,降低增压效果。因此,应加强空气滤清器的维护。

3. 必须保证增压器的可靠润滑,润滑油要清洁,油压要正常,油温要合适,油管要密封,不能有漏油现象。若不保证上述条件,浮动轴承会很快损坏。增压器使用前,应通过进油管加入约60ml的润滑油。

(二)定期检查

废气涡轮增压器一般每使用2000~2500h,需进行一次定期检查,检查内容主要是转子轴的轴向间隙。检查时,将进、排气歧管从增压器上拆下,将百分表触针顶在转子轴上,前后用力推动叶轮,百分表指针的摆动量即为转子轴的

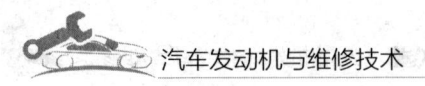

轴向间隙，正常间隙一般为0.1~0.3mm，若超过规定尺寸，应检修或更换增压器。

第十节　柴油机燃油供给系的常见故障诊断

本节主要介绍装用柱塞泵和转子泵燃油供给系统的柴油机故障诊断，装用PT燃油供给系统的柴油机故障诊断可作参考。柴油机的多数故障都是由燃油供给系统引起的，供给系出现故障时，在查出原因之前不要急于拆卸，以免因维修造成新的故障。

一、低压油路不畅

松开柴油滤清器放气螺钉（转子泵柴油机）或喷油泵放气螺钉（柱塞泵柴油机）用手油泵泵油，放气螺钉处排出泡沫油或不排油，则可确定为柴油机低压油路不畅导致的故障。

二、高压油路不畅

在故障诊断时，若检查低压油路供油正常，但喷油器不喷油，即可确定为高压油路不畅导致的故障。装用转子泵和柱塞示燃油供给系统的柴油机，高压油路不畅故障的诊断方法都相同。

三、压缩温度过低

在诊断过程中，若检查柴油机高、低压油路供油均正常，但发动机仍不易起动、排气管排灰白色烟雾，则应首先检查压缩温度是否过低，导致不能自燃着火。压缩温度过低主要是空气供给装置或发动机机械故障所致。

第八章 柴油机燃料供给系与维修

四、柴油机超速

超速是指柴油机的转速失去控制、疾转不止的现象,俗称"飞车"。柴油机超速是很危险的,应及时采取措施,以免发生事故。解决超速的紧急措施有:

(一)迅速将加速踏板收回到停车位置。

(二)供油拉杆或齿杆外露的喷油泵,可迅速将杆拉回到停油位置。

(三)有减压装置的,迅速将减压手柄拉到减压位置。

(四)及时挂入高速档,踩下制动踏板,缓抬离合器踏板,使发动机熄火。

(五)迅速松开各缸高压油管,停止供油。

(六)进气管带阀的可将阀关闭,如果有阀门,可拆下空气滤清器,堵住进气管。

五、柴油机个别缸工作不良

柴油发动机出现不易起动、动力不足、游车等故障时,可用逐缸断油法检查是否因个别缸工作不良所致。若某缸断油(拆开喷油器上高压油管)时,发动机转速无明显变化,或原有的一些故障现象(如排黑烟、异响等)消失,即可确认为该缸工作不良。

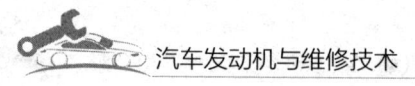

第九章

发动机整体拆装与综合故障诊断

第一节 发动机总成的拆卸与解体

一、发动机总成的拆卸

从汽车上拆下发动机总成时,一般应在发动机冷态下进行。不同车型的发动机总成拆卸方法有一定区别,在此只介绍一般拆卸顺序:

(一)拆下发动机罩、翼子板。

(二)打开散热器和发动机缸体上的放水开关,放净冷却水或冷却液。

(三)拆下蓄电池。

(四)拆下散热器进、出水软管,拆下散热器。

(五)拆下风扇皮带。

(六)拆下空气滤清器。

(七)拆开汽油机油门操纵机构与节气门、化油器式发动机阻风门拉线与阻风门、柴油机油门操纵机构与油量调节机构的连接。

(八)拆开输油管。

(九)拆开与发动机有关的电器连接线或线束连接器。

第八章　柴油机燃料供给系与维修

（十）拆下速度表软轴。

（十一）拆下排气管。

（十二）在变速器下方垫好支撑物，拆下变速器所有紧固螺母。有离合器的汽车，拆开离合器分离叉上的拉杆。

（十三）拆下发动机支撑螺栓或螺母，将发动机总成吊起并拉出。注意：在起吊过程中应视情况轻轻摆动发动机，防止碰撞其它机件。

二、发动机总成的解体

发动机总成从汽车上拆下后，应放置在台架上进行解体，具体要求和注意事项应参考本教材其它章节相关内容及具体车型维修手册，在此仅以汽车装用的CA6110汽油机为例，说明解体的一般顺序。

（一）从发动机总成上拆下各附件，如：发电机、起动机、分电器、风扇、水泵、化油器、汽油泵、空气压缩机等。

（二）拆下进、排气歧管。

（三）拆下气缸盖罩盖，拆下摇臂轴支座固定螺栓，取下摇臂轴总成，取出所有推杆。

（四）拆下气缸盖和气缸垫。

（五）放净发动机润滑油，翻转发动机，拆下油底壳。

（六）转动曲轴，分别拆下各缸连杆轴承盖紧固螺母，从气缸中拆出活塞连杆组件。

（七）拆下曲轴皮带轮及其轮毂。

（八）拆下正时齿轮盖。

（九）拆下凸轮轴止推凸缘固定螺栓，抽出凸轮轴，取出气门挺杆。

（十）从飞轮上拆下离合器，拆下飞轮壳。

（十一）拆下机油泵总成。

（十二）拆下曲轴主轴承盖紧固螺栓，拆下曲轴。

（十三）用专用工具从气缸盖上拆下所有气门。

（十四）从活塞上拆下活塞环，拆下活塞销。

（十五）从曲轴上拆下飞轮。

（十六）视维修需要，分解各附件总成。

三、发动机零件清洗与检查

发动机解体后，应对各零件进行清洗和检查，主要是清除油污、积炭和水垢，并检查各零件能否继续使用，对有故障的零件进行修理或更换。清洗与检查的具体方法在本教材其它相关章节中已介绍，在此不再赘述。

第二节　发动机总成的装配与调试

一、发动机的装配

发动机的装配，不仅是将修理合格、选配合适的一组零件装配成组合件，再将组合件装配成一台完整的发动机，而且还应对修复或更换的零件再进行一次质量检查，以保证发动机的维修质量。不同车型发动机的装配步骤也不完全相同，装配时一般按分解相反的顺序进行。同时应特别注意以下几点：

（一）在装配发动机前，应细心、彻底地清洗各零部件，用压缩空气吹净气缸体上的润滑油道和螺纹孔，并认真

第九章 发动机整体拆装与综合故障诊断

检查各零件和配合表面的质量。

（二）注意活塞、连杆等零件上的安装标记，其位置和方向不能错误。注意活塞环开口方向，应按规定错开。

（三）装配相关零部件时，对正配气正时标记。

（四）装配时，应在有相对运动的配合表面涂上清洁的润滑油。

（五）装配时，还应检查各配合间隙是否符合标准。

（六）所有密封件应更换新件。

（七）各螺纹连接件必须按规定力矩拧紧。

二、发动机的调试

发动机总成装配完成后，一般要求经过冷磨与热试，才能投入使用。通过冷磨与热试，可提高零件配合质量。保证正确的间隙（如气门间隙）和准确的正时（如点火正时），从而提高发动机的动力性、经济性、工作可靠性和使用寿命。

（一）发动机的冷磨

发动机的冷磨是指以电动机或其它动力带动发动机运转、磨合的过程，其功用是使相对配合的零件之间进行自然磨合。由于冷磨后须对发动机进行拆检与清洗，所以冷磨前可暂不安装燃油供给系和点火系各附件，如果已装上，则应拆下汽油机火花塞或柴油机喷油器，以减小冷磨时气缸内的压力，减少发动机零部件的机械负荷。冷磨时，由于新装配发动机各处配合间隙较小，应使用粘度较低的润滑油，以保证润滑可靠。此外，应使发动机转速由低到高分段进行冷磨，并注意检查有无漏气、漏水、漏油现象，听诊发动机有无异响。冷磨时间根据零件配合情况确定，一般为1.5~2.0h。随着配件质量的提高和修理中手工加工情况的减少，发动机冷磨在实际中的应用正日趋减少。

（二）发动机的热试

将装配完好的发动机，借助其本身产生的动力进行运转试验的过程，称为热试。热试时，发动机工作温度达到正常后，应使发动机在不同转速下运转。此外，还应检查有无漏气、漏水、漏油现象，检查调整气门间隙、点火正时、怠速转速等，观察电流表、水温表、机油压力表指示是否正常，听诊发动机工作有无异响，检查气缸压力是否符合标准。热试时间一般为1.5~2.0h。

第三节　发动机综合故障诊断

在实际使用中，发动机发生故障时，其故障原因往往涉及到多个系统或机构，因此不能对某一系统或机构进行盲目的拆卸。应首先根据故障现象确定故障性质，进而查明引起故障的系统或机构，最后根据各系统或机构的故障诊断方法查明具体故障原因。

一、汽油机综合故障诊断

汽油机不能起动或不易起动、行驶中熄火、发动机爆燃、化油器"回火"、消声器"放炮"，通常是由电源、燃油供油系、点火系及起动系等综合故障所致。

（一）汽油机工作不正常

汽油机工作不正常一般由点火系或供给系故障引起。

第九章 发动机整体拆装与综合故障诊断

（二）汽油机不能起动或不易起动

汽油机不能起动或不易起动的故障涉及供给系、点火系、起动系和发动机机械部分等。

（三）行驶中熄火

在汽车行驶中，发动机熄火可分为突然熄火和逐渐熄火两种现象，突然熄火多数是因为点火系或发动机机械部分发生故障，逐渐熄火多数是因为供给系发生故障。

二、柴油机综合故障

（一）柴油机不能起动

不论是装用转子分配泵（VE型泵）的柴油机，还是装用柱塞泵的柴油机，不能起动多是因为燃油供给系、起动系或发动机机械发生故障所致。

（二）柴油机动力不足

柴油发动机动力不足会导致汽车行驶无力、加速不良，其原因几乎涉及到全部机构和系统。除起动系之外，导致柴油机不能起动的所有原因都可能引起柴油机动力不足，只是在程度上有所差异。

三、发动机异响

正常情况下，发动机以不同的转速运转，发出的响声都有一定的规律和范围，但若发动机润滑不良、零件磨损使配合松旷，调整或紧固不当，将会出现超出技术文件规定的不正常声响，称之为异响。发动机的各种异响不仅因发响机件的形状、大小、材料、工作状态和振动频率不同而声调各异，而且各种异响与发动机的工作循环、转速、负荷（单缸或双缸断火）、温度和区域也有着不同的关系，有些异响伴随着其它故障现象（如机油加注口脉动冒烟、个别缸不工作等），这些都为异响的诊断提供了可靠依据。诊断发动机异响故障，应考虑发动机的新旧程度。通常新发动机运转过程中，一般无杂乱声响，一旦因某种原因引起异响时，便会清晰而单纯地暴露出来，因而便于分析和诊断。而老旧发动机，因自然磨损，使其各运动件的间隙不可能保持标准，所以运转中不可避免地存在着各种声响，以致显得声音杂乱。在此状态下，如有异响发生，就不容易分辨。

第九章　发动机整体拆装与综合故障诊断

结 束 语

　　在现代社会中，汽车已经成为人们生活与工作不可缺少的交通工具。汽车发动机作为汽车的心脏，在汽车设计、制造、维修等方面起着决定性作用。本书以介绍汽车发动机结构为主，结合当今汽车发动机的发展趋势和最新技术，主要介绍汽车发动机各系统的组成、结构、工作原理、主要零部件的故障检测与维修以及现代汽车发动机的综合检测与诊断等内容。

　　本书在着重讲述汽车发动机构造、原理与主要零部件的基础之上，增加了汽车发动机检测与维修内容。该书可作为本科或专科汽车运用技术、车辆工程、汽车制造与维修、汽车检测技术与维修等专业的教材或主要参考书籍。既适用于高校汽车专业教学，又适用于生产企业的生产指导和人员培养，同时也可作为研究生或科研人员的参考用书。是一部较为完善的汽车发动机类教材。希望能对读者有所帮助。

参考文献

[1] 孙雅明. 汽车构造[M]. 北京：机械工业出版社. 2013.

[2] 韩桢祥. 汽车概论[M]. 北京：机械工业出版社，2013.

[3] 李先彬. 汽车构造[M]. 北京：机械工业出版社，2014.

[4] 商国才. 汽车发动机构造与维修[M]. 长沙：中南大学出版社，2013.

[5] 葛新亚，郭志敏，张素梅. 现代汽车新技术[M]. 武汉：武汉理工大学出版社，2011.

[6] 吴智勇，刘翔. 汽车发展史[M]. 北京：北京理工大学出版社，2010.

[7] 李继业，刘福臣，盖文梯. 汽车概论[M]. 北京：化学工业出版社，2012.

[8] 石珍. 新编汽车构造[M]. 上海：上海科学技术出版社，2012.

[9] 蔡丽朋，赵磊，闻韵. 汽车技术基础教程[M]. 北京：化学工业出版社，2013.

[10] 向才旺. 汽车柴油机燃油系[M]. 北京：人民交通出版社，2014.

[11] 李继业,司马玉洲. 汽车自动变速器维修[M]. 北京:化学工业出版社,2012.

[12] 张中. 车用内燃机[M]. 北京:化学工业出版社,2011.

[13] 孙武斌,邬宏,梁美平,等. 汽车修理工[M]. 北京:清华大学出版社,2010.

[14] 吴祖慈. 汽车电器与电子设备[M]. 南京:江苏科学技术出版社,2010.

[15] 王受之. 电控发动机维修[M]. 上海:上海人民美术出版社,2013.

[16] 田静. 智能技术理论与方法[M]. 西安:西安交通大学出版社,2016.

[17] 李晓娟. 智能检测系统与数据融合[M]. 北京:北京工业大学出版社,2016.

[18] 蒲加升. 现代轿车构造与检修[M]. 上海:上海交通大学出版社,2016.

[19] 黄立依. 电控发动机维修[M]. 北京:国防工业出版社,2016.

[20] 吴雪峰. 汽车底盘构造与维修[M]. 北京:北京希望电子出版社,2016.